MONSTER STOCKS

HOW THEY SET UP, RUN UP, TOP AND MAKE YOU MONEY

猛兽股

年内至少翻倍股
股价运行规律以及获取高额利润的
规则、纪律与技术

[美] 约翰·波伊克 John Boik   著

中国青年出版社
CHINA YOUTH PRESS

图书在版编目（CIP）数据

猛兽股：年内至少翻倍股股价运行规律以及获取高额利润的规则、纪律与技术 /（美）约翰·波伊克著；常萧译. —北京：中国青年出版社，2023.6

书名原文：Monster Stocks: How They Set Up, Run Up, Top and Make You Money

ISBN 978-7-5153-6958-7

Ⅰ.①猛… Ⅱ.①约… ②常… Ⅲ.①股票投资—基本知识 Ⅳ.①F830.91

中国版本图书馆CIP数据核字（2023）第078645号

John Boik
Monster Stocks: How They Set Up, Run Up, Top and Make You Money
ISBN-13: 978-0-07-149471-7
ISBN-10: 0-07-149471-5
Copyright © 2008 by McGraw-Hill Education.

猛兽股：
年内至少翻倍股股价运行规律以及获取高额利润的规则、纪律与技术

作　　者：[美] 约翰·波伊克
译　　者：常　萧
责任编辑：肖　佳
美术编辑：张　艳
出　　版：中国青年出版社
发　　行：北京中青文文化传媒有限公司
电　　话：010-65511272 / 65516873
公司网址：www.cyb.com.cn
购书网址：zqwts.tmall.com
印　　刷：大厂回族自治县益利印刷有限公司
版　　次：2023年6月第1版
印　　次：2023年6月第1次印刷
开　　本：787×1092　1/32
字　　数：165千字
印　　张：8
京权图字：01-2022-5523
书　　号：ISBN 978-7-5153-6958-7
定　　价：59.90元

谨以此书献给吉娜和丹妮娜

目　录

序　言　009

前　言　011

第一章　雅虎、捷普及其他股票启动：

　　　　新猛兽股在1997年春季开启上涨　025

　　远大梦想 / 027

　　首先你必须回顾历史 / 028

　　更多科技股上涨 / 039

　　其他股票加入 / 042

　　上涨动能耗尽 / 046

第二章　美国在线、嘉信理财等股票猛涨：

　　　　互联网猛兽股在1998年后期复苏　049

　　关于上升趋势的要点 / 054

　　美联储帮助推动更强的上升趋势 / 055

　　新的猛兽股复苏 / 057

目 录

你有一封邮件 / 058

网上交易蓬勃发展 / 062

更多猛兽股 / 064

雅虎再次成为猛兽股 / 066

那么诺基亚呢 / 068

第三章 博通公司和其他科技公司：
1999年的猛兽股派对　071

灯会亮吗 / 073

另一个主要上升趋势 / 077

以正确的方法累进加仓 / 080

其他猛兽股 / 082

高峰走势 / 084

雅虎的再一次猛兽股表现 / 088

千载难逢 / 090

第四章 派对以经典方式结束：
猛兽股登顶并下跌　091

发生了什么 / 093

避免损失的策略 / 098

第五章 大的熊市几乎很少产生猛兽股：
无价的市场教训　101

不在我们这一代 / 103

少数亮点 / 104

现金为王 / 108

它结束了吗 / 110

第六章　中国互联网股及其他新猛兽股：

新的牛市孕育了大赢家股　113

这个是真的吗 / 115

新领导股 / 117

市场测试 / 120

中国互联网股的机会 / 123

许多猛兽股 / 126

第七章　泰瑟令人惊叹的走势以及苹果藐视市场的下跌：

富有挑战的2004年提供了一些猛兽股　133

苹果重新焕发活力 / 136

石油、金属以及其他大宗商品领域的猛兽股 / 139

泰瑟令人惊叹的走势 / 142

第八章　谷歌和汉森：寻找猛兽股

震荡的2005年和2006年提供了一些新机会　147

怪兽能量 / 153

再来一口苹果 / 159

专业人士是如何做的 / 161

强势的金属板块 / 163

现在呢 / 167

结 语 175

非常好的基本面 / 176

猛兽股股价运行模板 / 178

更早时期的一些股票 / 185

一只新猛兽股正在形成 / 186

猛兽股规则 / 189

等待VS交易 / 192

结束语 / 193

附 录 过去的主要市场上升趋势以及猛兽股 195

序 言

　　如果做对了，你只需要几只猛兽股就可以在财务上极大地改善你的生活。但是你必须知道，如果你偶然有幸选到了一只猛兽股并且发了大财，这并不能保证你会再一次这么幸运，除非你完全理解你在什么事上做对了。事实上，无意间发现一只猛兽股继而狠赚一笔对于那些幸运的人来说是很常见的。但是从长远的角度来看，这很可能会给你带来灾难而不是幸福。为什么这么说呢？因为你已经过度膨胀的自信心很可能会使你不再谨慎，为你将来的失败埋下隐患。这就是本书如此重要的原因——它为必须执行的正确操作提供了基石，以便你可以在一个又一个的市场周期中选中猛兽股并且操作得当。

　　我能证明操作猛兽股是你所接受的最富有挑战性的，也是最困难的任务之一。在这个过程中会犯很多错误。我也承认，虽然我拥有好几只本书中提到的猛兽股，但是我只在其中的少数几只股票中赚了大钱。但是正是从过去的错误中吸取经验和教训才能帮助你克服自己的弱点，使你最终能够在未来正确操作这些股票，进而在财务上改变自己的生活。经验是在股票市场上成功的关键之一，但是只有你改掉坏的市场习惯并开始执行本书中提到的所有规则之后才有可能成功。操作猛兽股最能考验你的情绪管理与纪律性。我认识一个前海军"精英"战斗机飞行员兼指挥员。有一次他对我说，持有一个加杠杆的、集中在少数几只股票的投资组合所带来的压力，比战争中驾驶喷气式飞机的压力还要大！因为那些压力，你需要理解适用于过去所有猛兽股的规则并且无一例外地遵守它们。

不管你是否相信，有一些专注于市场的学生已经研究了市场过去的领导股的所有细节。那么这些少数人一个又一个周期、持续不断地找到真正的市场领导股，就不足为奇了。

本书列出了你需要用来识别下一只超级股票的所有恰当的规则。我自己对历史上最优绩效股的研究在很大程度上帮助我在过去的市场周期中找到了一些大赢家。如果我没有研究过去的最优猛兽股的话，我就不会知道自己在现在的市场中要找什么。

《猛兽股》为识别并操作下一只真正的猛兽股奠定了基础。它会引导并提供给你下一只猛兽股的重要细节和特征。不需要重新发明轮子。从一些过去的最好的股票中学习会更有益处。只有在犯下任何人都可能犯的错误后分析这些错误，继而遵守经时间检验的成功规则，从而在未来避免这些错误，才能创造改变人生的财富。如果不能完全理解本书的信息，你很可能会在投资成长股上失败。一旦你最终理解了猛兽股的特征，就已经成功一半了。另一半是学习在它们价格上升的时候如何操作。那需要恰当的规则、纪律、耐心以及勇气。祝你好运！

吉姆·罗佩尔

总裁

罗佩尔资本管理公司

前　言

　　什么是猛兽股？猛兽股基本上就是在短的时间范围内价格至少翻一番的股票。就猛兽股的历史而言，股市中短的时间范围通常持续4到18个月。大多数猛兽股会落在这个范围的中间，因为快速上涨的猛兽股最重要的部分，也就是其主要走势的时间通常在6到12个月之间。许多真正的超级猛兽股会在短时间内上升到原价格的3倍、4倍甚至10倍或更多。如果你知道如何识别并操作下一只猛兽股，你就可以在财务上实质性地改变你的生活。在你寻找下一只猛兽股时，有一条重要的线索。它们都有一些相似的特征，不论是在强劲的基本面数据上，还是在它们价格上涨之前、上涨时，以及之后它们到顶并开始下跌直至结束其不可思议的运行时的图表的外观上。

　　在这本容易理解的书里，我会向你介绍在过去10年中出现的许多猛兽股。请记住，虽然情况罕见，但当大盘开始上涨时，猛兽股就在那里做好了准备。大部分最好的猛兽股是在纳斯达克交易所交易的真正的成长型股票，是更新的公司，它们带来新的服务和产品，改善了很多人的生活，并吸引管理着大钱的投资人的目光。创造猛兽股表现的是：专业投资人的巨大需求，他们必须拥有这些股票。

　　为什么我们应该看过去10年的呢？因为历史已经证明在股票市场相同的模式已经重复出现很多次了。这和市场周期以及领导股有关，而领导股则是市场每次回升中的猛兽股。这个事实在过去100年的市场历史中大约任何一个10年期都得到了证明。在每一个这样的时期中，都有2个、3个、4个，甚至在一些罕见的例子中，有5个或者更多的主要市场上升趋势的机遇。正是在这些主要上升趋势中，大多数猛兽股诞生、与市场一起上升，然后到顶并导致主要市场指数开始下跌。

　　我决定在本书中使用过去10年的周期，这样读者对我将要分析的股票会更了解。但是对我来说，分析哪个时期的股票并不重要，因为研究不同的市场周期几乎会呈现出相同的结果。唯一真正变化的是日期和猛兽股的名字。

　　猛兽股崛起，要有主要市场上升趋势的机会。表0-1展示了过去115年的市场情况以及每个10年期中上升趋势机会的数量。就本书而言，我将主要市场上升趋势定义为在3个月或者更长的一段时间中，市场至少上涨40％而且在这些上升趋势中没有大的回调（下跌15％或者更多）。

　　根据表0-1，从1890年到2005年，市场经历了35个主要上升机会，这些上升趋势持续了至少3个月，而且获利40％或者更多。平均获利76％且平均的上升趋势持续时间为14个月。正是在这些市场机遇中猛兽股绽放光彩。就像你即将看到的，猛兽股平均获利常常远高于市场指数的平均获利。表0-1中值得注意的一项是主要上升趋势只在这段时期33％的时间中出现。这就是为什么在市场中要有耐心的原

表0-1　1890—2005年的主要市场上升趋势

10年	上升趋势数量	简单平均收益	月份总数	时间百分比
1890年代	2	90%	26	22%
1900年代	4	70%	56	47%
1910年代	2	84%	20	17%
1920年代	3	91%	59	49%
1930年代	3	105%	35	29%
1940年代	2	49%	24	20%
1950年代	2	78%	39	33%
1960年代	1	72%	30	25%
1970年代	2	67%	31	26%
1980年代	4	80%	64	53%
1990年代	6	70%	56	47%
2000年代	2	62%	14	19%
总计	**35**	**平均76%**	**平均14**	**33%**

因。最优秀的股票操盘手知道这个事实，而且这也是为什么他们比大多数主动股票交易者更能表现出耐心和纪律。他们知道等待恰当的机会才会带来超凡的利润。

　　我们为什么要关注历史甚至要研究过去的猛兽股呢？正如私募基金经理吉姆·罗佩尔（出现在我第二本书《传奇交易者如何赚得百万》中）所说，"如果做对了，你只需要几只猛兽股就可以在财务上极大地改善你的生活。"罗佩尔知道这一点，因为他的生活在财务方面的确发生了改变，你将从本书的一些例子中看到这点。如果某人真地研究过历史上最伟大的股票操盘手，就像我已经做过的而且还在之前的书中描写了的那样，那么那个人肯定已经注意到了，那就是大多数成功都只来源于几只猛兽股。威廉·欧奈尔在其职业生涯中因为操作猛兽股多次改变了他的生活。第一次真正的改变发生在20世纪60年代早期，那时他选中并且正确地操作了辛太克斯和克莱斯勒这两只猛兽股。这两只股票使他不再需要给别人打工而且开创了自己的公司，还在纽约证券交易所购买了一个席位（当时最年轻的）。他的下一个大的变化发生在20世纪70年代末和80年代初，另外两只猛兽股——Pic'N'Save和定价公司——给他带来的成功让他创建了全国性报纸《投资者商业日报》。

在正确的时间发现下一只猛兽股，然后在正确的时间内持有它，最后正确地将其卖掉，这让伟大的股票交易者发了大财。这个策略可能听起来很容易而且很符合逻辑，但是在现实中却非常具有挑战性。对于那些有志于在市场上发大财的人来说，一个好消息就是猛兽股不断地出现。未来的猛兽股可能会像过去的猛兽股，本书将会阐释这一点。欧奈尔活跃在市场中长达半个世纪，选中了许多猛兽股，他知道关键所在，并且说道："学会挑选大赢家股的第一步就是研究过去领先的大赢家股，进而学习最成功的股票的一切特征。"

下面列举了一部分历史中最优秀的股票交易者以及给他们带来大部分利润的猛兽股（所显示的日期是他们在市场中活跃的时间）：

伯纳德·巴鲁克（1891—1960）

美国糖业、克莱斯勒、美国钢铁、美国冶炼、北部矿石

杰西·利弗莫尔（1897—1942）

里丁、联合太平洋、北太平洋、伯利恒钢铁、鲍德温机车

吉罗德·勒布（1921—1972）

蒙哥马利·华德、克莱斯勒、华纳兄弟、通用汽车、美国制罐公司、鲍德温机车、美国钢铁、斯图贝克

尼古拉斯·达瓦斯（1952—20世纪60年代）

德州仪器、E. L. 布鲁斯、锡奥科尔化工、罗瑞拉德、真力时、仙童照相机

威廉·J. 欧奈尔（1958年至今）

辛太克斯、克莱斯勒、Pic'N'Save、定价公司、安进、美国在线、高通公司、嘉信理财、太阳微系统、易贝、谷歌、苹果电脑

吉姆·罗佩尔（1987年至今）

捷普、博通、闪迪、谷歌、苹果电脑

正如你所看见的，猛兽股在每个世纪每个周期都会出现。（也要注意到那些最优秀的交易者是如何选中相同的股票。巴鲁克和勒布同时选中克莱斯勒，利弗莫尔和勒布同时选中鲍德温机车，欧奈尔和罗佩尔同时选中谷歌和苹果电脑。）然而这些股票可能很难找到。更具有挑战性的是当你最终找到一只时该怎么操作。就像那些生命中所有值得做的事情一样，这需要努力。但是那些努力如果是正确的，会给你带来巨大的改变。

我写这本书就是想说明选中那些未来伟大的股票是可能的，并展示少数人是如何成功地完成这个任务的。猛兽股在整个历史中都出现过而且还会出现。在现实中，在我写本书时，一些猛兽股正在形成它们典型的筑底形态，准备好上涨。由于在生活中精英非常少，所以猛兽股非常罕见。本书将扮演指南的角色，以便于在机会出现的将来，

你随时可以使用。

正如欧奈尔也提到过的："所购买的每10只股票中只有一两只有望成为大赢家。"这就是为什么你必须了解要寻找什么，并采纳历史上最优秀的股市操盘手所采纳的规则、纪律及技术。

接下来，我会用详细的图表来呈现自1997年以来主要市场指数的主要转折点。我会向你展示市场如何触底，且之后开始新的上升趋势。我还会向你展示市场如何到顶以及在什么时候以波动、走势不明的模式进行交易。然后给出那个时期猛兽股的详细图表以及它们如何为大的价格上升做准备。同时还会与市场的波动相关联，以便大家能够清楚地看到大多数猛兽股如何与市场一起波动，而且很多时候是作为市场的领导者。你将会看到这些股票如何与市场同步上涨，然后在市场到顶之前、之时或者之后到顶。这些阐述将向你展示在一个又一个的周期中猛兽股是多么相似。

我还会介绍少数并不是在主要上升趋势下出现的猛兽股——当市场最初确认了上升趋势，但随后开始回落或以更横盘的方式交易。必须清楚地指出，这些情况总体上风险更大。在那个时候，你的注意力可以从整个市场转移到某只股票，如果它表现良好且与市场整体趋势相悖的话。某只股票的表现超过市场整体表现的情况是少见的，因为大多股票跟随市场的总体趋势，所以当那种情况发生时，你需要真正专注于重要的细节。你会清楚地看到，当市场确认了上升趋势，并且持续下去，你成功的概率是如何显著增加的。

当新的上升趋势出现时，本书将对你有所帮助。你可以参考本书的案例，本书介绍了过去案例的真实情况，使用那些指引，会助你找到未来将出现的猛兽股。更重要的是，当你找到一只猛兽股，你会知道如何应对那种情况。

本书给出的建议并不是成功希望渺茫的。它们是从最优秀的交易者的经验中提取的，这些交易者选中了一些猛兽股并从此在经济上改变了自己的生活。

正如我在第二本书《传奇交易者如何赚得百万》中所做的那样，我会将许多股票图表纳入本书之中（事实上，许多股票在这两本书中重复出现）。但不同的是，《传奇交易者如何赚得百万》审视了一些最优秀的交易者是如何在某些猛兽股上做出买进、卖出决定的。在本书中，我们将审视股票行为的关键细节，从而向你展示专业人士如何识别和操作这些领导股，以执行正确的买卖决策。

但我想先说明几点。第一，必须清楚地认识到本书不会预测哪些股票将成为下一批猛兽股。没有人有能力做到这个，也没有任何软件能够帮你做到这个。在试图预测并战胜市场的历史过程中，大量的钱财损失掉了。股票市场是不能够精确预测的。如果能够预测，那么它早就消失了。但是应用历史模式肯定会对你有所帮助，就像你马上就会看到的我要提到的两位专家那样，他们就是通过研究过去的大赢家来抓住后来的大赢家进而改变了他们的生活的。那些模式是寻找下一批大赢家最好的而且最可信赖的工具，因为它们迫使你只注意你要寻找的东西。从最简单的角度来看，股票市场其实就是一个以数字为导向、识别模式的寻宝游戏。从第一天起就是如此，在将来也不会改变。当你能够拥有业绩最好、需求最高、生产水平最高的公司时，你就找到宝了。如果你能意识到，由数百万投资者做出的简单的经济供需决定，通过价格和成交量推动着股票走势，且人性永不改变，那么你将踏上发现下一批超级猛兽股的道路。但是你需要一直保持完全客观，且遵守纪律。那样的话，你就能够提高成为一些业绩优秀的公司股东的机会，而且是在它们股价上涨的大部分时间里持有。在最后一章我会列举出在本书写作之际（2006年10月）可能的猛兽股，它们的很多特征都和本书将要介绍的过去的猛兽股非常相似。在阅读本书时，你应该已经知道这些股票是否真正成了猛兽股。

第二，我想说的是，在股市中图表非常重要。在股市中的成功始于对市场现状和当前走势有一个现实的解读。从客观的角度观察这些，然后正确地解读数据至关重要。图表教你如何做到这些。但是它们不对未来做出预测。它们只是显示出发生了什么。正如一首著名歌曲曾经唱的，每一幅图片讲述一个故事。在股票市场上，股票图表告诉我们猛兽股的样子。尽管你需要认识到市场是存在不确定性的，但是图表会给出市场健康状况的最好线索。它们展示出聪明的专业投资者刚做的以及正在做的事情的轨道和足迹。它们是指引你寻找东西的地图。它们也会帮助你避免沿途的许多陷阱，因为当你集中注意力寻找猛兽股时能够忽略那儿所有的其他噪声。

请记住大多数投资者在市场中做得并不好。这就是理解图表以及专家如何使用它们这么重要的原因了。假设你是猎人：当一个猎人在不确定的环境下打猎时，通过观察踪迹来得到猎物可能在哪儿的信息。就像猎人需要踪迹一样，你需要借助图表。你就是在不确定的环境中猎取猛兽股。而且你猎取的不是随意的任何一只股票，你寻找的是最好的、那些最大的且最聪明的投资者想要拥有的股票。你要找到它们，就必须使用图表。如果要找到它们，就必须知道它们长什么样子。就像你将看见的，上涨的准备几乎总是很相似。欧奈尔在过去的几十年中证明了这一事实。他是一个准确知道自己要寻找什么的猛兽股大师，因为他之前就多次到过那儿。但是要注意，因为在路上有许多陷阱和灾难。图表能够帮助你在危险的狩猎地区游刃有余地行动。

另外一点你需要注意的是，大多数猛兽股如果不是所有的话，都来自纳斯达克市场。这是有原因的。大多数新的活力十足的公司都在纳斯达克上市交易。欧奈尔已经证明了真正的大猛兽股常常在上市后的前8年开始大幅的股价上涨。因此，本书中大多数指数图表会集中于纳斯达克指数。

你在本书中不会看到便宜的股票。欧奈尔的研究再次表明，正是中等或者是更高价格的股票常常涨幅最大，能达到更高的价格。正是大的机构投资者把股票价格推得更高。那些机构大多都避开便宜的股票，尤其是便士股，原因在于它们流动性差，而且由于公司的缺陷，它们股价非常低是有充分理由的。请记住，大钱投资者都想要能赚钱且创新的公司，而且质量好的价格就要高，即便在股票市场上也是如此。关键的是时机而不是价格！当股票在筑底阶段然后要突破底部时，价格就变得重要。当它突破的时候，股票的价格并不是很重要——可以是30美元、60美元或者200美元。事实上，欧奈尔已经证实了历史上最好的猛兽股突破时的平均价格在35—40美元之间。你将在本书中看到的很多图表显示，股票在偏低的价位突破（例如，10美元附近或者更低），但是真实情况并不是这样。因为股票拆分经常发生在猛兽股身上，这些图表反映的是拆分之后的。随着我们的讲解我必须指出这个，以免你会因为认为这些大的猛兽股在开始价格上涨之前价格都非常低而感到困惑。

在寻找猛兽股时，为了减轻对图表和技术分析的困惑，你要将你使用的股票图表的指标限制在5个。你不需要是日本蜡烛图、随机指标、振荡指标、布林线等方面的专家。要保持简单（我们将在第八章讲到）。这是在市场上成功的关键之一。但是保持简单并不意味着忽视重要的细节，而是要保持你的执行策略简单。关键的要求就是：保持执行策略简单、敏锐地关注细节、自律和自控。下面是在查看股票图表时要注意的5个变量，这些变量都很简单。

- 股价：股票的价格行为是非常关键的，尤其是在底部时期。所有的东西围绕着价格演化——准备、上涨、到达顶部以及最终下跌。

- 成交量：价格和成交量的相互作用是关键的因素；历史上最优秀的操盘手已经知道了这个而且集中精力于此。伴随成交量增加的价格大幅上涨，尤其在突破底部的时候，是关键的信号。在上涨的时候，尤其是在接近以及到达顶部的时候，成交量和价格行为的相互作用也非常重要。

- 50日移动平均线：猛兽股的一个重要细节是，当它们上涨，然后到达顶部时这根平均线的表现。本书中的一些图表也会展示第三根线（总是在50日移动平均线之上），那就是21日移动平均线。尽管它不如50日移动平均线和200日移动平均线应用得那样广泛，然而很多专业人士用这条线。你将看到，对于过去最强大的领导股来说，这条短期线被证明非常重要。在股价上涨的过程中，它和50日移动平均线结合在一起，被用来判断股价是否得到支撑。

为什么50日移动平均线对猛兽股如此重要？因为许多管理大钱的基金经理都把这条线作为他们能够以稍微更低的成本来增加头寸的地方，所以它在某种程度上就成了在不确定的环境下的一个可靠的指标。那么就可以理性地分析股票的价格变化。那些在这条线之上的猛兽股——尤其是那些远远在其上的——被认为是有强大的机构支持。那些长期在这条线下面波动的股票就缺乏来自大钱投资者的支持，从而无法驱使其价格上涨。

由于50日移动平均线在市场上被如此广泛使用，它可以表明买卖双方的平衡如何决定股票短期走势的更长期趋势。这不是一个保证，但是在市场的周期性运行中，它一直非常可靠地为未来可能的趋势提供线索。

- 200日移动平均线：另一条对于猛兽股很重要的线就是200日移动平均线，尤其当它们的股价在筑底时。在上涨和到达顶部时，猛兽股一直都高于这条线。事实上，许多专业人士用猛兽股的涨幅对比猛兽股高于200日移动平均线的程度，来决定最终什么时候卖掉股票，获利离场。

- RS线（相对强度线）：这条线显示了和大盘相比猛兽股的强弱。它显示出同标准普尔500指数相比，每只股票的表现。当这条线上升时，尤其是在底部时，就表示这只股票很强，因为这意味着它的表现比市场上大多数其他股票都好。这是欧奈尔在其出版物《投资者商业日报》中所列举出来的专有方法。

把这些简单的技术指标和几个最好的基本面的统计数据（收入增长率、盈利增长率以及净资产收益率）相结合，你就会得到过去最好的猛兽股的元素。在它们突破之前，这些基本面特征必须够强，而且随着股价持续上涨它们必须变得更强。收入和盈利的加速增长是真正导致猛兽股最好价格表现的因素（后面还会讲述更多）。图0-1是苹果电脑股票的图表，我们稍后将在第七章讲述这只猛兽股的所有重要细节时进行深入的分析。将此图放在下面，是为了展示我上面提到的关键而简单的技术指标。

我想说的第三点是你在本书中将看到的股票都有优越的基本面特征（即销售额、利润、净资产收益率方面的财务指标）。事实上，你将在本书中看到的每只股票在财务业绩上都是领导者。猛兽股的基本面与其股价上涨之间存在着联系。但是也存在着陷阱。尽管在股票市场上，预期财务表现的确比现在和过去的财务业绩发挥的作用更大，但理解财务表现和股价表现之间如何相互影响是必要的。多数猛兽股在踏上它们不可思议的价格上涨路程时都经历了无与伦比的财务业绩的开端。可以说，股价突破之前，前一个季度（常常是前几个季度）财务表现优越，且预期盈利超过目前的，股票可能成为猛兽股。这些

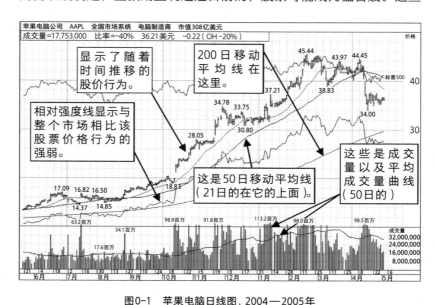

图0-1　苹果电脑日线图，2004—2005年

来源：©2006威廉·欧奈尔公司。版权所有。经授权转载。

基本面特征使得该股票为起飞做好了准备。

在最好的猛兽股的股价上涨阶段，这些数字从来都不会令人失望。事实上，大多数的数字都超过了先前的预期，而且新的对未来的预期继续为投资大众带来惊喜。但大多数猛兽股在到达顶部时，它们的基本面仍然是一流的。为什么会这样呢？很多时候这和股票市场似乎拥有的魔力相关，股市是预测公司和总体经济最可靠的经济预测工具之一。这就是为什么在适当的时间或者接近适当的时间卖掉猛兽股严格取决于其价格和成交量的变化，而不是其当时的财务业绩数据。在那些时刻不要与市场争辩。在那些时刻毫不犹豫地行动至关重要。在过去的几十年中，市场充满了在到达顶部时符合这些简单却看上去有迷惑性特征的猛兽股。

我们可以以安然为例，每个人都很熟悉它的结局。我管安然叫双头猛兽股。它的价格在1998年9月到1999年夏末的这段时期而且市场进入调整模式的情况下翻了一倍。然后它在1999年年底，市场调整并复苏时，形成了一个新的底部。在那一时刻，市场大幅上涨。自始至终，安然都表现出耀眼的财务业绩而且预期还会更好。安然看上去如此之好，以至于在2000年3月纳斯达克市场到达顶部时，安然仍然没有到达顶部。安然看上去太完美了，完美得不真实。结果它从1999年年底的新的突破点一直到2000年春夏两季纳斯达克的暴跌，价格又翻了一倍。但是随后裂痕开始出现了，可是当市场在2000年秋天再次摇摇欲坠时，安然的财务仍然光芒四射而且预期会更好。但是其价格和成交量相互作用的警告信号灯已经闪亮，而且这和你即将看到的过去10年中其他猛兽股的表现一样。最好的猛兽股操盘者都卖出安然，得到大量的利润，继续前进或者转向现金来保护其投资组合。所有其他不知道如何找到猛兽股的顶部的人都血本无归。

头脑中有了这几点，让我们开始研究过去10年中的猛兽股吧，这样你就可以为下一批猛兽股的到来做好准备，并在该退出的时候不受损失。

第一章

雅虎、捷普及其他股票启动：

新猛兽股在1997年春季开启

上涨

远大梦想

每一个进入股票市场的人都梦想能够抓住大鱼——能带来巨额收益的猛兽股。然后他们就可以向其认识的所有人吹嘘自己赚了多少钱以及自己如何变成了专家。而挡住许多人实现那个远大梦想进而导致失望的一个主要的缺陷就是缺乏知识和研究，尤其是与人们寻求的东西相关的知识和研究。另一个缺陷是大多数人不知道如何遵守纪律，运用耐心和理解力，以及坚持简单但严格的规则（这些规则支配着在市场中取得成功）。可悲的现实是，大多数人从来都没有在市场中体验过成功；相反，他们遭受了金钱上的损失和情绪上的沮丧。

要成功就要学习——正如适用于生活的许多方面一样，这也适用于股票市场。有了这本书，你就会学到市场是如何运作的。这一知识会指引你找到下一只猛兽股。

本书对一些股票——多数是科技股——的首次分析，会比较简短，只回顾过去10年中每个人都应该认识的一些名字。本书将要讨论的过去的猛兽股，有很多大家都认识，但是很少人知道使这些股票成为猛兽股的关键时机细节。知道了这些关键时机问题，你就能大大受益于未来的猛兽股。

以苹果和泰瑟为例。许多人会说苹果成为猛兽股是因为iPod，而泰瑟是因为电击枪。就两家企业都提供了新产品而言这么说是对的。

但是对于那些因为其猛兽股价格成功上涨的受益者而言，至关重要的是关键细节中的时机。理解这些细节的人赚了很多。知道隐藏在关键细节之中的恰当时机，将确保你获得猛兽股的价格飙升中的大部分收益。你不会赚到猛兽股飙升的所有收益，所以如果你没有抓住后面的一些收益或者错过精确的退出点，不要太沮丧。

尼古拉斯·达瓦斯，20世纪50年代末著名的股票交易者（我在我的前两本书中介绍了他），就是坚持分析细节的人。即使如此，当他在市场中赚了200多万美元之后，在1959年接受《时代》杂志的访谈中说道，"我一生从来没有在股价低点买入或在高点卖出过。能驾驭一波趋势的绝大部分，我就很满足了。"你也想知道怎么在趋势即将结束时退出。

举例来说，看看泰瑟发生了什么吧。电击枪开启了泰瑟不可思议的股价走势，这个公司现在仍在生产电击枪。但是我在写本书时，这只股票的交易价格只有其历史高点的约五分之一。这个例子说明了为什么知道退出策略在实现猛兽股所带来的收益的影响因素中是最重要的。

在最后一章我将会进行总结，并提供模板和规则，以便你在将来能够找到你在寻找的，在拥有猛兽股的时候知道如何操作，然后在适当的时候脱手，进而实现你的远大梦想。让我们开始吧。

首先你必须回顾历史

首先，我会讲述一些围绕市场行为并对其有影响的重要背景议题。但是不会继续聚焦于历史事实和市场分析（我已经在我的第二本

书《传奇交易者如何赚得百万》中谈过这个主题）。我只会简单地提
及一些影响市场的因素（利率、GDP等）。那样的话我们就能集中更
多注意力于股票和图表而不是历史事实。

在1997年开始的几个星期前，美联储主席艾伦·格林斯潘说出了
他那世界闻名的词——"非理性繁荣"，暗示市场可能被高估了。但
是市场基本上没有理睬主席的顾虑，继续上涨到1996年年末。市场
很显然处于上升阶段，因为纳斯达克从1996年7月底到1997年初已经
上升了32%。这个稳固的上涨再加上前一年可观的上涨，就是格林斯
潘评论的原因。但是GDP在增长，利率低且平稳，公司利润在上升。
来自退休金账户的大量需求推动了对股票需求的上涨。有一些猛兽股
主导了20世纪90年代中期的强劲市场走势。连续3个星期的上涨开启
了1997年，为猛兽股的进一步上涨加了一把油。

但不久市场便开始疲倦了，许多领导股在一些大幅上涨之后开始
减速。这一价格行为在任何牛市当中都是典型的，尤其是在一个已经
稳步上升了好几年的市场中。接着在1997年早春，利率的上升让市
场恐慌。从1月底到愚人节市场调整了15%。但对于那些准备在下一
轮上涨趋势开始时进入市场的人来说，这些调整让新的猛兽股做好了
准备。

这一点很重要。当市场下跌时，你不要太沮丧以至于完全放弃
它。下跌趋势正是许多有经验的猛兽股猎手积极期待的时机。为什么
呢？因为下跌趋势常常为筑底奠定基础，当市场改变趋势并确认新的
回升时，这些筑底最终会复苏下一批猛兽股。恰当的筑底是猛兽股成
功的第一个技术关键。筑底是突破的基础，而突破是开启猛兽股上涨
的关键一步（更多关于筑底的内容马上就会讲到）。

在1997年4月的第一个星期，看上去市场即将站稳脚跟，摆脱简短的调整。许多人毫不怀疑地回到市场，市场有个长达3天的回升。但是这个回升并不成熟。

历史研究无法确定在股市历史中那些在第一个回升尝试中就跳入市场的交易者究竟损失了多少钱。等待回升的确认（更多细节马上就会讲到）才能够减少失败的可能。威廉·J.欧奈尔通过对过去100年每一个市场上升趋势的研究表明，在方向发生新的改变时，回升的确认会带来更高的成功机会。并不是每一个上升都会成功并且成为我在前言中介绍的主要上升趋势。历史上没有任何一个主要上升趋势或牛市在没有确认的情况下开启和持续。这一确认是最明确的标志，表明基金经理对未来预期收益有信心，以至于会将大量资金投入股市。这种对股票的投入推动了需求，进而推动股价上涨。当你观察成交量以及成交量水平如何与价格走势相互作用时，这个事实就非常清楚了。事实上，在1997年，在上述回升的尝试仅仅几周后，回升终于得到了确认，市场接着就以可观的购买力强劲上涨。

接下来你将看到的关于市场图表和股票图表的细节对于在股市成功非常重要。你不能在市场上盲目地操作。这些细节会告诉你一个生动的故事，而且在股票市场上这意味着所有的一切。事实上，你需要非常熟悉下面这句话：

对细节的关注决定了执行的一致性。

这句话适用于许多研究领域，不仅仅是股票市场，对整个生活中的许多事情都适用。但是因为股市是一个不确定的环境，所以它在股市中意义重大。因为股市是不确定的，你需要工具来保持一致性。在不确定的环境下保持一致性的工具包括关注细节、知道过去什么是有

效的以及控制自我。掌握这些工具的程度如何，决定了你是在经济和
情感上持续受挫，还是在某个机会出现时采取谨慎行动。即使有很多
关于股票、图表的技术分析和其他市场信息，有一种方法可以简化对
细节的关注。

那种方法我在前言中已经说了：首先，你必须以市场而不是以
股票为起点，这将降低你失败的可能。再强调一遍，回升尝试的确
认，常常在一次上升趋势开始之后持续几天（从第四天开始）到几个
星期，历史一遍又一遍地证明，在市场上，这个确认会带来主要市场
上升趋势。欧奈尔对于市场底部的细致研究是我们确定市场回升是否
持久的最好标准。你想一下，这是有意义的。因为更多的大投资者在
市场调整或熊市之后进入市场，他们对股价上涨的行动和信念表现得
非常明显。其他大的投资者出动并进入市场也需要时间。当转向出现
的时候，进来市场的人越多，市场趋势转变方向并且保持那个新的方
向的机会就越大。

市场中还有一个强烈的情绪问题，即害怕被落下或失去下一个机
会带来的影响。所以当大钱开始进入市场时，很多人也跳入这个潮流
之中。人类的情绪是不会改变的，这个不想错过机会的行为是市场中
的一个主要因素。就像雪球滚下山一样——滚的时间越长，雪球就
会越大。同理，在一个下跌趋势之后，在回升确认的几天或者几个星
期之内，市场上涨得越多，市场的上升趋势可能就会越强劲。你的工
作就是要等待确认，而不是在出现第一个回升的尝试迹象时就跳入市
场。在新确认的上升趋势的早期，你也会看到许多领导股上涨。这确
认了市场的转向，这是真正的猛兽股的"觉醒期"，它将引领新的上
升趋势。图1-1详细展示了1997年年初纳斯达克指数的上涨。

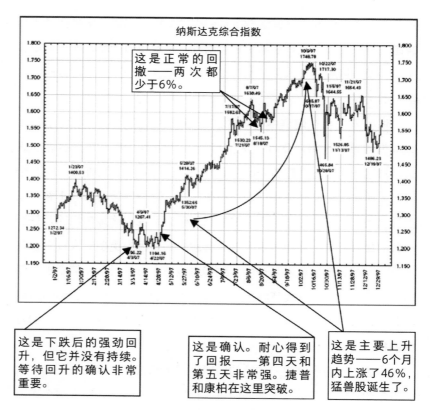

图1-1　纳斯达克综合指数日线图，1997年[①]

来源：www.thechartstore.com。经授权转载。

纳斯达克市场在1997年4月底和5月初确认了上升趋势，领导股也上涨了，突破坚实的底部区域，引领市场走得更高。我前面提到的筑底期非常关键。它之所以关键，是因为在这个筑底期的股价行为向我们展示了投资者如何对一只股票做出反应。适当的底部时长可能从

---

① 编者注：本书原版书中指数图表中的数字就不清晰，但不影响读者理解作者所传达的信息。

几个月到一年多。大多数适当的底部包括从顶部跌至底部，之后是一个筑底或横盘形态，然后是一个新的上升趋势，常常随之而来的是更多的横盘。最好的猛兽股的表现都是如此。在后面的图表中你将看到猛兽股在突破之前有很多健康的底部。注意观察它们，你会看到很多相似点。那些最先突破坚实底部的领导股成为猛兽股的机会最大，因为它们开始显示出市场对其需求旺盛的典型迹象，同时更多资金进入市场维持和推动了上涨趋势。

捷普

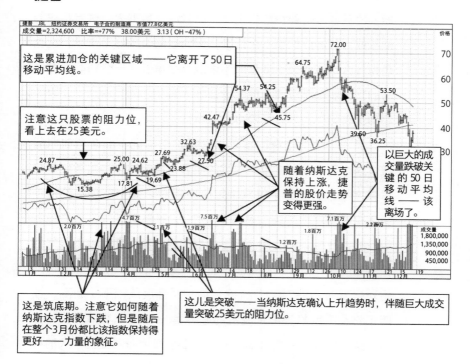

图1-2 捷普公司日线图，1997年

我们首先要观察的是捷普。捷普在外包领域是领头科技股，因为它是电子公司的合约制造商。外包和电子产品在1997年是热门领域。捷普集这二者于一身，且其基本面是行业领导者；更重要的是，人们预期公司会保持惊人的速度增长。在图1-2中你会看到捷普在股价和成交量方面的表现。

下面是关于捷普的几个关键点。你在本书所提到的其他猛兽股中也会看到相似的特征。这些详细的分析和在本书的结语部分列出的猛兽股模板和规则一样：

- 捷普在1997年年初市场调整时筑底。3月份是市场调整的后半期，捷普的股价保持稳定上涨，而且成交量很大。这就是捷普能够成为领导股的第一个线索，因为它的表现好于市场。这也是为什么在市场处于调整时不要放弃很重要。一个精明而有经验的猛兽股猎手应该已经把捷普纳入其关注的名单之中，因为那种富有弹性的力量是吸引人的特征。

  另一个值得注意的重要因素是价格标记下面弯弯曲曲的线，这个我在前言中苹果电脑的图表上展示过了。那条线是相对强度线。它度量了每只特定股票相对于整个市场的价格走势。相对强度线越强（表现为上升），股票就越强。猛兽股有最好的上升相对强度线。要寻找那些在底部时期就表现很好的相对强度线。最好的猛兽股在重大突破之前都有着引领股价的相对强度线。1997年3月，捷普的相对强度线创下了新高，证明了它在下跌趋势中是股价的领导者——一个非常积极的征兆。这就意味着投资者知道一些重要信息或者对捷普不久的将来非常有信心。

- 捷普以巨大的成交量突破了先前25美元的阻力位，并且就在纳斯达克确认上升趋势时价格创下了新高。这是一个明确的线索，大资金在这里看到了点什么，并涌入这只股票。你也能够看到，在4月初市场开始上升时，捷普也在上涨。但是在那时关键的一点是，这只股票不能突破先前25美元的阻力位，25美元看上去是这只股票的价格上限。

  这就是一个小的细节，却变得至关重要。如果你注意到捷普在市场下跌趋势中表现得非常强劲，但是你对市场和这只股票表现出了耐心（因为仍然在调整当中），那么你会在4月上、中旬处于场外，因为市场和这只股票都未能证明自己。当市场最终确认了上升趋势时，捷普以巨大成交量突破25美元的阻力位。这只股票在价格上创下了新高，而且向着可能成为猛兽股迈进了一步。一旦突破了那一点，它就能自由地继续上涨了。另一个重要细节就是当股价在4月初回撤时，它在其50日移动平均线处得到了支撑。在那条重要曲线处的支撑非常关键——它意味着一些先前的大资金投资者仍然持有而不是放弃了这只股票。在猛兽股筑底时，能再次看到50日移动平均线和200日移动平均线的支撑。

- 在捷普上涨的过程，股价有回撤，对之前的上涨有盘整，伴随着温和的成交量（我在图表中用斜线作了标注）。股票不会直线上涨，除非股票进入走势的最后阶段——高峰期。在上涨的过程中，最好的猛兽股会回撤，对之前的上涨有一定的盘整。在上升的过程中，价格和成交量的相互作用以及市场的总体走势是关键的细节点。每一步——筑底、上升，以及后来的顶部——都有它们自己的关键点和特征，而这些就是要注意的细节。上升的过程就是股票如何持续创下更高点。请记住根据历史经验，猛兽股主要走势的时间在4-12个月之间。对于可能收获令人印象深刻的收益来说，这个等待的时间并不算长。

- 然后捷普用其50日移动平均线（它的边界线）来支撑这只股票。这些是你增加头寸的绝好机会（被称为"累进加仓"），因为此时股票从那条线向上移动。这就是猛兽股策略的一个关键部分。大的交易者用这些时机（股价回落至50日移动平均线）以稍微更低的成本增加他们的头寸。这同在突破时股价常创新高的时候所买入的初始头寸形成对比。事实上，在突破时，如果新的成长股达到历史新高，而不是52周高点，那就更令人印象深刻，通常会导致更强劲的市场上行趋势。

　　当我们回到50日移动平均线，许多人会觉得用这些时期来增加头寸很不舒服。你可能会觉得自己被出卖了，因为在股价回落至50日移动平均线之前，你没有在股价更高时卖出从而获得更快更可靠的利润。这是你脑海中会出现的众多市场技巧之一。正确的做法是持有，假设你在适当的突破点附近正确地买入，然后看看50日移动平均线会发生什么。如果股价伴随大的成交量跌到这条线下面，那么你所见到的就是大资金出来了，而且是匆匆出来的。他们可能知道什么事情要发生，或者可能看到一些不支持他们当初买进这只股票的理由的东西。不管下跌的原因是什么（事后肯定会揭露出来的），你必须在那个时候也抛掉所有的头寸。

在捷普的案例中，在股票第一次回落至50日移动平均线时，之前市场对该股的大需求稳坐不动。杰西·利弗莫尔曾经说过，就是这个稳坐不动才赚来了大钱。当你看到股票停留在或者稍微低于那条关键的50日移动平均线时，你就能放心地确信大资金正稳坐不动。然后，当股票反弹，从那条线向上移动时，不是新钱进入了就是先前的股票持有者在以稍微更低的成本增持了股票。这时你也要这么做。

- 捷普接着就随纳斯达克上涨而到顶，并发出了耀眼的卖出信号。这些信号是有巨大的成交量，股票失去支撑——大资金正在锁定现有利润，因为股票跌破其50日移动平均线。猛兽股到达顶部常常主要有两种方式——高峰走势或放量跌破50日移动平均线或者两者都有（捷普属于后者）。这和另外几次回到这条线形成了鲜明的对比。这是操作猛兽股最棘手的地方之一。当该卖出的时候，你很可能不想卖出。你对这只股票的感觉如此之好以至于很难卖掉它。但是你必须卖掉。历史上最优秀的操盘手都是这么做的。他们把自己对这只股票的良好感觉，与他们知道如何才能保住辛苦赚来的利润区分开来。在适当的时间卖掉猛兽股是实现你远大梦想的关键。

对于历史上最优秀的股市操盘者来说，这些关于股票价格走势的关键点是共同的。那些操盘手（我在《向最伟大的股票作手学习》和《传奇交易者如何赚得百万》这两本书中详细地介绍过了）会在市场上升的最早期买入拥有上好的财务基本面的突破股。你会看见本书中所有的猛兽股都显示出和捷普一样的特征。它们看上去很像。你认为威廉·J. 欧奈尔和《投资者商业日报》这么多年都很成功的原因是什么呢？因为他们不会改变那些完全基于最好的股票和市场实际运行方式的规则。这就是他的业绩在半个世纪都这么稳定而突出的原因——他关注市场的细节和领导股的走势，从不违反市场历史的制胜规则，这些规则过去是，现在也是由可重复的人类行为形成的。

这一点值得重复：知道自己一开始就想要的东西很重要。就像要猎取某种动物一样。如果你想要猎鹿，猜怎么着？它们看上去都很像，行动也很相似。既然因为你对它们的长相和行为很熟悉（如果你是真正好的猎手，你会研究这个的），那么你找到一只并实现自己的目标的机会就会提高。猎取猛兽股时，你需要知道它们过去是什么样的以及走势如何，这样你就能够找到下一只猛兽股，因为图表显示出投资者的心理决策，而这永远都不会变，一个又一个世纪过去，投资者始终是人。欧奈尔在其前任的基础上做出的重要改善就是他用图表建立了第一个股市数据库，这样他可以建立模式，使得人们能够看到所有这一切。

捷普的例子并不只是事后看价格走势并指出应该如何操作这只股票的完美方式。事实上吉姆·罗佩尔在5月2日捷普刚刚突破阻力位时就以25美元的价格买入了它。这是他第一只真正的赢家股，所以他在那时并没有足够的经验，并不知道当这只股票几次回撤到50日移动平均线时进行累进加仓。所以你不必太沮丧。当他在市场上活跃将近10年之后，他的第一只真正的赢家股才真正到来。这不是对罗佩尔的打击。要掌握这个技术，需要犯大的错误以及很长的时间（就像他在序言中提到的一样）。但是一旦你最终下定决心要遵循经时间检验的规则时，你自己的结果也会改善。

罗佩尔能够抓住捷普关键的筑底期，然后在它突破的时候买入，接着在该股上涨的大部分时间里持有这只股票，原因在于他研究了过去的最好的绩优股。这让他最终知道了要找什么，要做什么。在捷普这只股票上，罗佩尔持有最初的头寸，然后在股票结束上涨时以近59美元的价格卖出。因此，他在这波上升趋势的大部分时间里持有这只赢家股——5个月收益率为136％。该股从其突破点25美元算起到顶部价格72美元，收益率为188％。但是请记住达瓦斯说过的，要满足于在上升趋势的大部分时间获利。同时也要记住：贪婪会毁掉几乎所有的账户。

因为没有人可以完美地在突破口买入，在顶部卖出，罗佩尔在这只猛兽股上的收益算得上很不错了。这个结果也显示在主要市场上升趋势中猛兽股的力量。在相同的时间段，捷普击败了涨幅为46％的纳斯达克指数。但是就像所有的猛兽股那样，捷普在其顶部之后比市场指数调整得更多。1997下半年，期纳斯达克调整了大约15％，而捷普在顶部之后的几个月内跌了一半多价值（见图1–2）。这就是注意关键细节如此重要的原因了，这样你就能知道在什么时候恰当地卖掉猛兽股以避免部分甚至更糟糕地全部赔掉你的收益。图表会向你显示正在发生的事情。罗佩尔看到了这一点并采取了恰当的行动。他抓住了这只猛兽股上涨的大部分，在合适的时候卖掉它进而得到了非常不错的利润——接着又去猎取下一只猛兽股。

更多科技股上涨

另一只在1997年表现得几乎一样的科技股就是康柏电脑。1997年，当科技热潮如火如荼的时候，康柏是全球最大的个人电脑供应商。截至1997年，康柏已经多次成为猛兽股。在1996年到1997年早期的这段时间里，它也有一个好的上涨。它在1997年1月份市场处于顶部时停止了上涨，然后在3月份到该年春季的市场调整的这段时期内开始筑底。它的财务基本面稳固且增长，所以在筑底时期的下跌只是股票随着市场的波动——康柏这家公司没有任何问题。在筑底期，它在其200日移动平均线处得到了支撑，在猛兽股的筑底期，这是一个共同的特征。

这儿还有一个值得注意的细节。在筑底期，股票跌破其50日移动平均线很常见。捷普没有跌破，它在那儿得到了支撑，但是如果你仔细观察本书中的其他猛兽股的图表，你就会看到大多数猛兽股的确在筑底期跌破其50日移动平均线。但是看上去几乎是在筑底期，200日移动平均线提供了关键的支撑。在上升时期放量跌破50日移动平均线是主要的警告信号。对于康柏而言，它在筑底期其200日移动平均线处得到了支撑，然后突破长达3个月的底部，接着在4月至10月的主要市场上升趋势中随着市场而上涨，正如图1-3所展示的一样。康柏和市场同步上升，但它超过市场表现，纳斯达克上涨了46%，相同的6个月中康柏上涨了128%。这又是一个与市场同步上涨，但表现最终超过市场的猛兽股的例子。

如果你同时观察捷普和康柏的图表，就会发现一些惊人的相似点。它们看起来太像了。而且在1997年的主要上升趋势中，不止是捷普和康柏这两只股票这样。还有很多其他的股票也有这些特点。当你经历一个主要上升趋势的时候就会知道了——很多财务基本面非常强的股票在市场确认上升趋势时突破底部，上涨，然后稍微回撤，继而与市场同步到达顶部。而且这不仅发生在1997年4月至10月这个时间段内，它发生在每个主要市场上升趋势中。变化的只是时间、趋势的长度、强度以及随着市场上升的猛兽股的名字。名字会一直改变，但是在很少的情况下也会出现双头猛兽股，即能不止一次地给幸运的猛兽股猎手带来大奖的猛兽股。

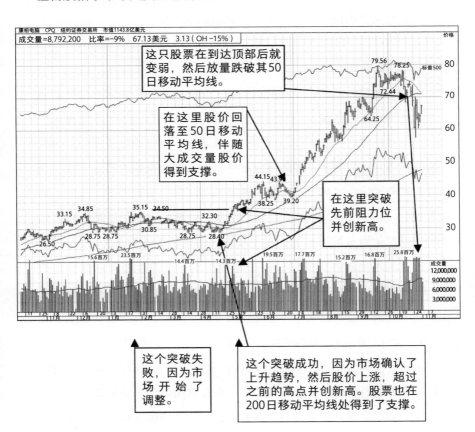

图1-3 康柏电脑公司日线图，1997年

其他股票加入

尽管在20世纪90年代中后期，科技股是真正的领导者，其他领域的股票也有机会。道琼斯工业平均指数与纳斯达克指数一起开始了其上升趋势，而这一现象在大多数时候都会出现。

家得宝

家得宝在以前的几个时期已经成了猛兽股，在1997年它又开始另一轮大幅上涨。其富有创意的仓储式家居建材超市的设计不论是对个人还是对承包商来说都很有吸引力。这是一个真正的增长模型，因为其创新概念还聚焦于优质的客户服务，因为两位创始人将这一价值观注入家得宝这个品牌（这一价值观可能已消失，因为创始人已经不再积极参与公司管理）。到1997年早期为止，不管是盈利还是销售额都已经以两位百分数增长了好几个季度。而且截至1997年1月31日的季度，这两项仍然在加速增长——猛兽股的一个重要要素。在此前的一轮上涨中，1996年10月到达顶部，之后筑底，之后在1997年初构建了一个健康底部的右侧，当时市场在上涨。接着，它回调，结束了底部，当时市场在3月表现不佳。当市场在4月下旬确认上升趋势，并给出一个障碍全部扫清的信号之后，家得宝突破59美元的价格阻力位，这个阻力位是它自1992年以来一直都很接近但不能突破的点。甚至在1996年后期它到达顶部59.5美元时，其股价也没有走出低谷。这个顶部结果是底部的左侧的高点。在这个高点之后，接下来7个月是筑底期。这是一个潜在猛兽股走势如何与市场同步然后当市场开始主要上升趋势之后如何引领市场上涨的绝佳例子。

　　1997年，家得宝随着市场上涨并且收获良好涨幅。虽然它涨幅不如捷普以及康柏那样大，但也是很好的涨幅。它证明了来自不同领域的股票在主要上升趋势中也能带来不错的收益。事实上，参与上涨的股票的领域越多，市场上涨就会越强劲。所以，要聚焦最强势的股票，不管它们来自哪个领域。让市场把最好的领域通过其领导股带到你面前，而不要持有偏见，只关注某些特定领域。在股市上如果有偏见的话，就可能会因为失去机会而给你带来损失。保持开放和客观是关键，因为这将使你拥有一项关键技能——在特定时间灵活应对市场高度重视的任何东西。

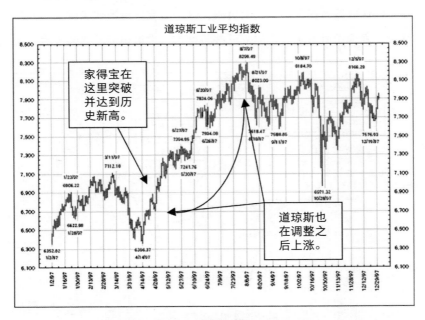

图1-4　道琼斯工业平均指数日线图，1997年

来源：www.thechartstore.com。经授权转载。

雅虎

　　另外一个相当新的公司（猛兽股的典型特征）就是雅虎，它在1996年上市，而在1997年就被认为是新互联网领域的领导股。雅虎才刚刚开始获得利润，而且利润来得很快。强健的财务基本面将推动雅虎在20世纪90年代末股价大幅上涨。1997年的雅虎刻画出潜在猛兽股的另一特征。请注意：当市场像我们刚才看到的那样确认上升趋势的时候，时刻寻找下一批猛兽股就变得非常重要了——甚至是在市场上升趋势首次确认之后。这是因为上升加速且会变得更强劲，有两样东西有助于上升。第一个是首批突破的猛兽股。那些领导股常常在市场确认时或者在其附近同时突破，这一点我们在捷普和康柏1997年春季的表现中就看到了。另外一些将把市场推得更高的猛兽股会在上

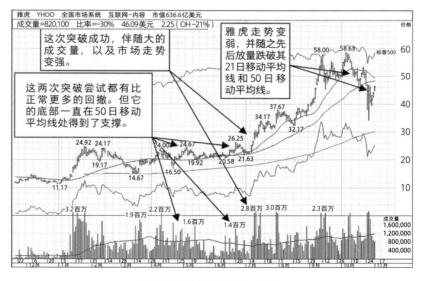

图1-5　雅虎公司日线图，1997年

来源：©2006威廉·欧奈尔公司。版权所有。经授权转载。

升趋势中晚一点儿的时间突破（大多数最好的猛兽股会在市场确认上升趋势之后的差不多3个月内突破）。正是第一批猛兽股以及随后更多猛兽股的加入，推动了市场在上升趋势中走得更高。雅虎在1997年就是那些稍晚出现并帮助推动1997年上升趋势到达新高的股票之一。

在4月末5月初纳斯达克刚开始上升时，雅虎也曾试图突破，并加入其他新猛兽股。但是它失去了上涨势头，并回撤了。接下来几个月，市场继续上升。它没有和市场一同上涨。在6月末雅虎再次尝试突破，但再一次回撤。要注意的关键点就是，在两次突破的尝试中，它都回落至50日移动平均线。我们已经看到了这一现象，而且随着我们前进还会继续看到它，那就是最好的猛兽股的筑底期在其50日或者200日移动平均线处得到支撑这个事实。

也要注意在这个安静的时刻，价格走势显示出了低迷的成交量水平。虽然市场不断走高，出现了一些新的猛兽股，寻找其他价格在盘整的、有强大的财务基本面的、筑底期在50日或者200日移动平均线处得到支撑的股票，总是明智的。雅虎拥有所有的这些重要因素。事实上，当市场简短地休息了一下并在7月继续上涨时，雅虎就在那时以巨大成交量突破。它突破了之前的阻力区域，而且如此之大的成交量是大资金现在正在进入这只超级股的坚实证据。市场的动能正在加速，而且新的猛兽股会把它推得更高。仅有的几次雅虎的回撤，且有一次稍微跌破其21日移动平均线的成交量都比较小。那暗示了在突破时进入的最初的耐心的股票持有者。

雅虎随后就开始了快速而疯狂的上涨。从其7月早期的突破以来的3个月它就上涨了117％。虽然事后很容易发现这个快速的上涨实际上是高峰期的走势，但因为大多数高峰期不会在突破之后这么快就来到，所以在那个时候可能很难知道这个情况。但是对于雅虎这只在上升趋势确认后稍晚一些上涨的股票，在短短两到三个月其价格翻一番，这已经完全弥补了。但是随着大盘在10月变弱，许多上升趋势中的领导股都到达顶部，雅虎也在那个时候到达顶部并最终和大盘一起下跌。这的确是一个快速的上涨，但是对于那些一直在上升的市场中寻找新的突破股的人们来说，还是可以选中雅虎并快速得到不错的收益的。

就像你在市场的图表（纳斯达克和道琼斯）中可以看到的，1997年中期主要的上升是一个比较容易从头到尾把握住的上升。市场指数持续上升，没有任何大的回撤，而且领导股不仅与大盘一起上涨甚至超过市场平均水平，这在每个有真正的猛兽股出现的主要市场上升趋势中都会发生。

上涨动能耗尽

10月上旬纳斯达克在达到顶部之后，迅速调整了15％，进而结束了主要上升趋势。自从4月末5月初以来那么大的抛售压力还是第一次。你从上面捷普和康柏的图表中就可以看到市场领导股所遇到的巨量抛售。两只股票在几乎相同的时间以几乎相同的方式跌破其50日移动平均线。在10月中旬，这些股票都发出了大资金正在卖出股票的清楚信号。雅虎在10月下旬也跌破了其50日移动平均线。这个巨量的卖出行为本身就是市场正在变化的强大的警告信号。上下波动的走势是市场在1997年最后几个月的走势，这在图1-1中就可以看到。本章前面分析的捷普就清楚地传递了事情正在发生变化的信号。

　　那些领导股几乎总会发出前面将发生什么的信号。注意那些细节已被证实是可以获利的。在1997年秋季一些外部因素扰乱了市场。亚洲金融危机，由于过度建设、经济过热并引起产能过剩、经济不稳定，导致亚洲许多货币严重贬值，严重冲击了美国市场，许多投资者将先前的收益兑现。当大的卖出发生时，就是离开的时候了。为什么要让坚实的收益变成损失呢？肯定会有其他的机会，而且因为没有人知道调整或者熊市会糟糕到什么地步，所以最好就是随着趋势走。尽管道琼斯工业指数和其他几只更大的股票的确支撑得更好，大起大落以及稍微下跌的表现是1997年后期的主题。但是没有完整的主要上升趋势，就更难找到领导股。虽然在1997年后期的确有一些科技股出现了，但市场处于展翅高飞时（即在4月至10月之间的市场），你的机会更多，这期间产生了一些大赢家。

　　如果你回过头，再观察一下捷普和康柏电脑的图表并对比二者，然后再和纳斯达克1997年的图表相比较，你就会发现三者的形态都很相似。那些形态不是巧合；它们展示了猛兽股的价格走势规律。而且它们数十年来都是这样，绝不仅仅是在1997年。雅虎上涨得有点儿晚，但是那也很正常。大多数猛兽股都会在主要上升趋势的前3个月复苏。那就使得你有找到一些伟大的股票的能力，即使你没有抓住那些第一批突破阻力位与市场同步上升的股票。随着我们进入后面每一章，请花一些时间来回顾并观察这些真正的大赢家的图表形态并且把它们彼此以及和市场指数之间进行比较——你会看见很多相似点。

第二章

美国在线、嘉信理财等股票猛涨：

互联网猛兽股在1998年后期复苏

1998年年初，股市大幅下跌后，市场似乎终于摆脱了亚洲金融危机的影响。然后原油价格突然猛烈下跌，市场又开始上涨。经济环境看上去几乎完美，前景更加美好，纳斯达克大量的科技股再次领导整个市场。这一走势在很大程度上是出于对所谓的"千年虫"的恐惧。所谓的千年虫是指电脑在2000年后无法正确运行与日期相关的处理程序。为迎接2000年，对以科技为基础的系统和运作的投资力度非常大。先前的震荡和下跌时期，总能为下一个上升趋势和下一批新领导股筑底。EMC是数据存储领域的领军企业（千年虫问题的受益者之一），表现出坚实的基本面和增长速度，将突破底部，在未来15个月飙升478%。这是1998年2月股市开始飙升时出现的一批新猛兽股之一。

　　诺基亚属于20世纪90年代末的另一个热门领域——通信领域，也在1998年2月从一个健康的底部迅速上涨，在短短5个月内上涨了一倍多。雅虎从1997年10月底的大幅下跌中回升，并恢复上升势头。许多人也许会说，如果你从1997年的抛售期一直持有雅虎，你会赚得更多。但是再说一遍，没有人知道调整的幅度有多大。而且通过聚焦最好的股票以及它们如何呈现积极的量价走势，你可以避开许多令人讨厌的调整以及熊市。避开这些时期，你就能保持你的自信，正确地看待问题。请记住，你随时都可以回到这个市场并投资于下一批领导股——或者之前的领导股，如果它们再次准备好并有更多的突破机会。

但是，到1998年4月底，上升趋势停滞，开始暗示出了一些麻烦。出现了一个调整，许多领导股都回撤了。回顾第一章，1997年年初的上升趋势基本上没有任何严重的抛售。但是到1998年6月末，市场再次掉头，迅速走高。它就像在一个健康上升市场中的短暂下挫。任何新的上升趋势都可能在任何时候遇到麻烦，但市场主要的抛售线索，以及开启上升趋势的领导股，会告诉你需要做什么。以诺基亚为例，它的确在6月跌破其50日移动平均线，但是成交量只是略微高于平均水平，这就意味着卖压并不大。随后，该股迅速自我调整，并伴随着较大成交量重新在这条重要的线上获得支撑。接下来诺基亚股价上涨而且在短短一个月之中上涨30%——真正见证了一只猛兽股的诞生。

但是到1998年7月下旬，许多领导股开始跌破其50日移动平均线。这是第一次真正暗示这一上升趋势可能不会继续维持其上涨势头。到7月1日，3只在那年早期就开始上涨的领导股到达了顶部。随后，大量抛售迅速冲击了市场。事实上，到7月中旬，另外14只猛兽股或者领导股已经到达了顶部。甚至诺基亚也感到了卖压。看跌的成交量大大盖过了看涨的成交量，而且在5个月之内股价就翻一番之后，看上去诺基亚将要下跌。对于市场而言，像这样仅仅持续6个月而且在中间还有2个月调整的上升，并没有展示出持续健康上升趋势的迹象。这是一个大的警告信号，也是你在将来的上升趋势中需要注意的。

回到1998年7月，仅仅基于这些猛兽股或领导股的表现，就是该卖出它们的时候了，而不要基于它们将来会有什么样的商业模式。这些较短的上升是市场缺乏形成主要上升趋势的力量的重要线索。当你观察本书中的市场图表时就会看见，主要上升趋势会持续较长时间，因为买入的力量大大超过了任何偶尔出现的抛售，这在所有上升市场中是典型且正常的。在1998年中期事情却不是这样。领导股开始下跌，买入的力量不足以摆脱卖压，也就无法回到其上升趋势中。

在1998年7月接下来的两个星期中，又有14只领导股下跌了。基本上自1月初以来所有引领市场的领导股都下跌了。当1998年8月到来时，市场迅速下跌。到这个时间诺基亚已经以巨大成交量跌破其50日移动平均线，而且没能够像它几个月以前那样成功地反弹至这条线之上。猛兽股现在基本不存在，是时候在场外观望，等待更好的时机。1998年夏末至初秋，俄罗斯暗示贷款可能违约的危机吓坏了市场。这个国际问题把许多精明的投资者推向抛售的一方。当时很明显，抛售压力在市场上占主导地位，许多领导股将屈从于整体市场的普遍抛售基调。然后在9月上旬，标准普尔500指数回升的确认，是返回市场、寻找新的潜在猛兽股的强烈信号。事实上，诺基亚看上去好像复苏了，但那个复苏很短暂。另外，复苏背后的成交量只是稍微高了一点或者说只是刚刚和其强大的下跌力量相抵消。但是尽管在接下来的3个星期，良好的价格和成交量走势令人鼓舞，数周之后，其股价再次崩溃，结束了这一短暂的上升趋势。诺基亚只停留在其50日移动平均线之上3天就又跌了回来。这种快速的来回波动并不是一个强劲的市场中领导股的典型表现。和前面提及的案例一样，诺基亚本身没有任何问题——而是市场出了问题。这是不确定的市场环境带来的永不停息的挑战。但在许多虚假的回升中，如果情况不理想，迅速减持是一种谨慎的策略。在1998年，正是长期资本管理公司（一个大的对冲基金）的失败在9月末10月初真正吓坏了市场。

关于上升趋势的要点

　　当任何人在做历史分析时，基于过去的图表来进行精确解释和评论可能都很容易——发生了什么，原因又是什么。我知道当你每天都处于一个不确定的市场环境下会更加困难。当我们继续前进的时候，你会看到许多上升趋势，虽然开始了，但并不大。当你寻找新的猛兽股时，遇到这样的市场环境怎么回应呢？你要按照我在前言中提到的那样做，那就是先要等待，看上升是否得到确认。如果上升得到确认，你就要寻找领导股的突破，这些股票拥有过去最优股票的所有特征。

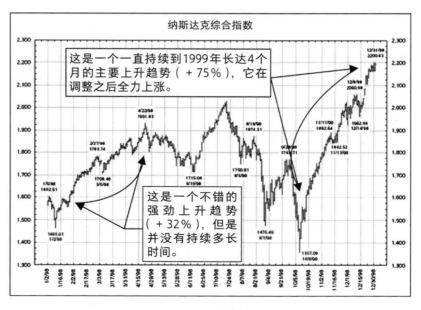

图2-1　纳斯达克综合指数日线图，1998年

来源：www.thechartstore.com。经授权转载。

　　不过，要想真正掌控局面，你应该列出一份可靠的股票观察清单，这些股票在下跌趋势期间表现最好，而且拥有坚实的基本面。如果上升趋势很快失败，你未来的猛兽股也非常可能失败，但这并不是一定的。如果真的失败了，你所要做的就是卖出股票拿到现金并且等待下一个机会到来。这是坚持猛兽股法则——新的猛兽股总是会在新的市场上升趋势开始并持续的时候出现——的另一个好处。在其他情况下，当上涨趋势继续，你的股票只是停留在原地，你可以卖出它，转移到其他股票，因为这只股票可能不会成为一只真正的领导股。或者如果上升趋势缺乏力量，你也会看到这一点。

　　回想一下，主要的上升趋势只出现在股市中三分之一多一点的时间里。这就意味着最好的时机不会一直都有，而是突然之间来到。活跃在市场上最令人沮丧的一个方面是，市场在很长一段时间内都处于一种波动的往复状态。当这些时期持续数月甚至更糟，持续数年时，它就更加令人沮丧。历史上许多最优秀的操盘手从多年的经验和挫折中学到，在那些震荡和沮丧的时期，最好的做法是在场外旁观，等待最好的机会。聚焦在表现最好的股票上的好处是，如果你没有投资表现最好的股票或那些主要的上涨机会，你会非常清楚。耐心等待，只在那些上升时期保持活跃，可以减少很多沮丧。

美联储帮助推动更强的上升趋势

　　为了让市场从1998年的快速下跌和长期资本管理公司失败的阴影中平静下来，美联储最终选择了在短暂的时间间隔内连续3次降息来平息恐慌抛售。市场对美联储急速的利率下调做出了积极的反应：

到10月上旬为止，所有主要指数都上涨，而且到10月中旬它们确认了一个新的上升趋势（见图2-1和2-2）。这是发现未来猛兽股的关键——股市能够在任何时间改变其趋势方向。在上涨趋势中最有可能改变趋势，这也是最会让你感到沮丧的时候。1998年10月，大的买方力量进入市场——俄罗斯违约危机最终对美国经济影响不大，因为当时美国的实力克服了这些不利影响。所以像往常一样，在艰难的熊市即将结束之际，建立了新的坚实底部的新领导股开始形成。它们已经准备好爆发，引领另一个上升趋势的市场。

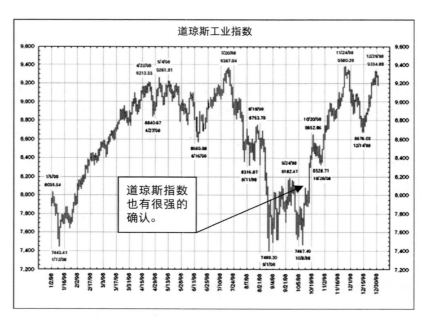

图2-2　道琼斯工业指数日线图，1998年

来源：www.thechartstore.com。经授权转载。

注意，当明确的调整或熊市开始时，通常是基本面强劲的股票受影响最小，在下跌趋势中表现出最大的韧性；它们会领导新的上升趋势。1998年后期，当市场掉头开始上升，又是纳斯达克带着其新的科技领导股率先上涨。新领导股的数量令人印象深刻。更多的突破和突破后更好的走势，以及市场上升趋势的更持久，在这段时间给了投资者更多信心——不像这一年早些时候的两次回升最终都在短期内失败。

新的猛兽股复苏

1998年年末新的上升趋势非常强劲，而且没有遇到当年早些时候上升趋势所遇到的卖压。当市场在一个下跌之后走势这么强劲时，许多新的领导股出现了，而且这是猛兽股复苏的黄金时间。这次也不例外——事实上它是股票操盘手的梦想。坚持做最赚钱且基本面最强大的领导股会给那些最优秀的猛兽股猎手带来丰硕的回报。一个来自热门科技板块的大赢家股就是美国在线（AOL）（见图2-3）。AOL是正在起飞的在线网络板块的领导股；事实上对于未来的预期更加光明。一会儿我们就会看到，AOL在1998年是一只独特的股票。它的基本面非常坚实，这使它有别于当时大多数上市的互联网公司。既然它有强大的基本面且是杰出的领导股，那里就是最聪明的钱流向的地方。

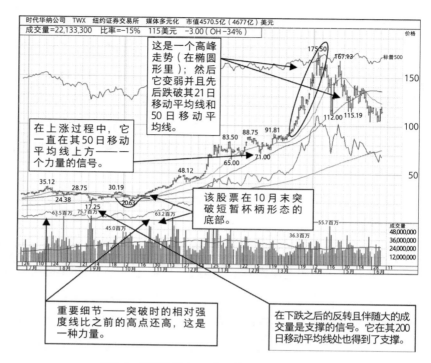

图2-3 美国在线（AOL）日线图，1998—1999年

来源：©2006威廉·欧奈尔公司。版权所有。经授权转载。

你有一封邮件

　　AOL拥有其他先前猛兽股的所有特征。它有坚实的基本面（在1997年降至负增长后，此前3个季度，盈利增长达到了3位数），之前有过强劲的上升趋势。就像它发送了一封电子邮件，写着"看着我，我是一只猛兽股"。它已经是一只猛兽股了。在1998年2月突破之后，股价涨了两倍，直到7月市场调整之前，仍在继续上涨。所以AOL是罕见的会在一年之内两次价格翻一番或者更多的双头猛兽股！那是很多猛兽股做不到的。

在1998年年末这一大的上升趋势之前持有这只股票会很困难，尤其是对于那些遵守本书中所列出的猛兽股规则的人。当市场在7月开始崩溃时，AOL也正在其顶部。仅仅6个星期，它就从顶部下跌了50％多，那个夏天市场也下跌惨烈。股价下跌——在仅仅6个星期内就跌了51％——就如岩石一般滚落，这个时候持有股票是很困难的。然而当它真正和市场一起在1998年夏季的几个月中调整时，它实际在其迅速大幅的下跌之后建立了新的底部。当它开始实现3位数的盈利增长时，它的基本面实力也在增强。

那个无与伦比的财务业绩真的吸引了大投资者的目光。另外一个小而关键的细节就是它的相对强度线正在上升、力量在增强。这个小的特征表明，该股甚至在突破之前就表现出了强劲势头。然后当市场确认了一个新的上升趋势之后，AOL再一次引领市场上涨。它以大的成交量突破并持续走高。它在接下来的6个月中以接近500％的涨幅巩固了之前的猛兽股地位。

发现这只新猛兽股的操盘手就是威廉·J.欧奈尔。在那时他已经非常有经验了，但是他仍然应用先前的猛兽股模式。在做这只股票时，他用了1965年的一个模式，这再一次证明了猛兽股从一个市场时代到另一个市场时代看起来都一样。在1965年，欧奈尔错失了仙童照相机的大幅上涨，在1965年后半年市场强劲的上升趋势中（见结语部分的图C-1），该股仅仅6个月就上涨了3倍多。欧奈尔在接近这只股票的突破点正确地买入，但是他却没有足够的经验，不知道在它上升的时候该如何处理。仙童照相机股票在1965年的走势和33年后AOL的（见图2-3）几乎一模一样：它回撤至其50日移动平均线。在1965

年，欧奈尔在仙童照相机的这个回撤点很紧张，卖掉了手中的头寸，在场外观望，却只能眼睁睁地看着它随着1965年市场的强劲上升趋势而越涨越高。这个不幸让他非常沮丧，以至于他永远都不会忘记这一教训，即最好的领导股是如何表现的。所以1998年，他买进了AOL，回忆起很久之前自己犯下的错误，并且查看了仙童照相机1965年的一张图表。然后他就耐心地持有AOL，做了和当时对待仙童照相机完全相反的事情。在AOL突破其上升底部（当股价在短时间内3次回撤至50日移动平均线时形成的上升底部）时，他买入了更多的AOL股票（在初始头寸基础上累计加仓）。当AOL真正起飞时，欧奈尔牢牢持有该股。他之所以能够做到这一点，是因为他知道过去的猛兽股是如何表现的。

在1998年到1999年AOL的上涨过程中，欧奈尔抓住了其大部分的上涨。他得到了456%的收益，对于AOL在仅仅6个月中557%的涨幅来说已经是很多了。这就是一个典型的猛兽股走势，而欧奈尔证明了如何找到一只猛兽股，然后在其上升的过程中如何参考历史来操作，接着更重要的是什么时候将其出手并收获猛兽股利润。他几乎在AOL的顶部卖出，尽管它仍然在涨而且其他人都在吹捧它会继续走高。欧奈尔看到了一个经典的高峰走势正在上演，AOL在接近尾声时几乎直线上涨。正如经典的猛兽股高峰走势一样，AOL在接近尾声时迅速上涨，在短短4周内翻了一番，同时在1999年3月底股价也出现了跳空高开。在非常强劲的上涨后出现这些衰竭缺口是终点即将到来的确切信号。在4月的第一个星期结束时，AOL以巨大成交量创下了一个新高，但是当天结束时股价回落至那天价格范围的低位。这是一个重要的线索，在非常强劲的上涨后，伴随着高成交量，卖家开始卖出股票。就在第二天，AOL以大成交量大幅下跌，然后跌破其50日移动平均线，随后这只股票在接下来的4个月中跌了56%。

如果你真的观察AOL的细节，你就会注意到其高峰走势在4月份停滞后，当它试图创下新高时，市场对这只股票的需求很弱。当一只股票已经在一段时间内大幅上涨，有一个高峰走势后，如果没有任何调整的情况下，还能继续疯狂上涨，这是很罕见的。那些最优秀的猛兽股操盘手都会在顶部附近退出。他们知道如果新底部形成、市场对了、有好的基本面，等等，就可以再次进入市场。当股票在顶部附近

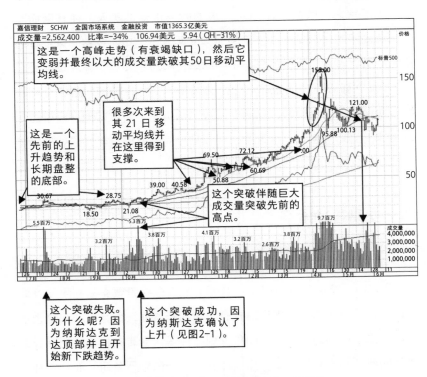

图2-4 嘉信理财公司日线图，1998—1999年

来源：©2006威廉·欧奈尔公司。版权所有。经授权转载。

时退出是很难做到的，但是一些有经验的人还是成功做到了。他们没有刚好在顶部出来，但得到了绝大部分的上涨，而这就是目标。让我们回到图2-3中的AOL的图表（注意因为2000年的合并，图表上的名字是时代华纳公司）。看看价格和成交量的变化，之后看看高峰走势，你会看见需求枯竭，卖出压力开始占据上风。在上升的过程中，情况就完全相反，即买方力量压倒卖方力量。只有理解这些现象并且在它们发生的时候看到它们，才能在将来的市场机遇下更好地理解这种走势。

总而言之，欧奈尔在AOL突破的时候正确地买入，在其回撤至50日移动平均线后第一次上涨的时候又买入了一些，在接下来那些恐怖的回撤（形成了上升的底部）中牢牢持有股票（因为他知道要做什么），在它最终摆脱回撤而上涨时又加仓了，并在登顶时最终全部卖掉。他保持了情绪稳定，并遵守了自己从历史上所有其他好股票的学习中得出的卖出规则。这就是一个大师级的股票操盘手如何处理猛兽股并获得巨额收益。

网上交易蓬勃发展

另一只与1998年新出现的互联网热潮有关的猛兽股是嘉信理财（见图2-4）。嘉信理财利用了互联网，因为在线股票交易利用了互联网商业模式的效率。嘉信理财拥有坚实的基本面，而且它的前景也很光明。由于市场的收益令人印象深刻，许多人会转向折扣经纪商寻求更低的费率和更高的效率。嘉信理财是一个创新型公司，而且它利用互联网来帮助其客户降低成本。我们看到一些新的创新服务的出现将带来惊人的股价表现。

嘉信理财在1998年夏季以及早秋随着市场的急剧下跌而下跌。看一看我在那张图中做的标注，这些是我观察到的重要细节。第一点就是因为整个市场疲软导致一次突破失败。然后嘉信理财就随着市场下跌。但还是有几个关键点带来改变。其中一个就是嘉信理财跌破其200日移动平均线后迅速恢复；当它再次跌破的时候，却在当天高点，并且刚好在或者稍微高于这条线处收盘。这是其中一个细节，背后有强烈的含义。在嘉信理财这个例子中，这个含义就是投资者买入这只股票来支撑其股价。你可以看出来，因为你只需要看当天的成交量急剧增加就可以了。在该股的关键支撑线上，正向逆转的成交量远高于平均水平。我们已经看到，那些支撑得最好且财务表现持续强劲的股票，当市场开始一个全新的上升趋势时，有这两个关键变量的股票具有优势。

随后，市场环境变好，嘉信理财可以成为新的上升趋势中新的领导股。在接下来的6个月，嘉信理财股价上涨了5倍。那是一只大的猛兽股，并且它就像之前的大猛兽股一样。它仍然以经典的方式上升，然后多次回撤到其50日移动平均线附近，为最好的操盘手提供机会来进行累进加仓，从而增加这只股票的动能。它在上涨的整个过程中从没跌破这条线（在上涨的过程中，嘉信理财一直都在它的21日移动平均线之上，就像在图表中所看到的那样，这是猛兽股的显著特征）。然后它真的看上去以巨大成交量上涨，实现了迄今为止最令人印象深刻的价格上涨。那就是经典的高峰走势以及卖出的适当时机。然而，大多数足够幸运的买入这只股票的人可能想的是股价持续上涨，创新高点，而不是考虑卖出策略。事实上，在高峰走势卖出是许多持有这样一只股票的人最不可能想到的事。这恰恰是当你拥有一只大赢家股时在市场中需要克服的最大的挑战之一。但是最好的操盘手知道如何把这些兴奋的感觉与那些必须坚持的、可以使人头脑冷静的策略分开。这就是抓住猛兽股和让它跑掉的差别。让我们回到我先前给出的狩猎例子吧。一个有经验的猎手在猎物最终摆在他面前时会保持冷静和沉着的。相反的是，一个没有经验的猎手可能会因为过度兴奋而把猎物吓跑，进而丧失这个机会。因此有经验的猎手带着猎物回家，而没有经验的猎手空手而归。

　　嘉信理财会给那些遵循过去的猛兽股表现出来的价格和成交量规律的人带来丰厚的回报。事实上，嘉信理财在相同的时期内和AOL有很多相像的地方。所以不止AOL是历史上最优秀的猛兽股之一，许多其他股票在相同的时期内也几乎有着相同的走势特征。那时威廉·J. 欧奈尔也选中了嘉信理财。当然，在他正确操作AOL的同时也从这只股票上赚了一笔。拥有并能正确操作一只猛兽股是令人兴奋的，也是每个人在等候的事情，但是如果能够同时拥有几只猛兽股那是更好的。关于嘉信理财，欧奈尔再一次收获了这个机会的大部分收益。他得到了嘉信理财6个月439％涨幅中的313％。那是真正的在一只大猛兽股上获得成功。

更多猛兽股

　　在1998年后期还有其他的猛兽股。当你处在一个像在1998年后期那样的纳斯达克上升趋势时，你会有几只杰出的领导股来任你挑选。这里列出了处于相同时期的一些其他的猛兽股，它们都展示出了我们到现在为止所分析的猛兽股的许多相同的特征。

- **美商网域**：当这只股票在先前一轮不错的上涨（从1997年7月到1998年5月短短不到一年之内价格就翻一番）之后，接着美商网域就建立了两个月的底部并在1998年后期又突破了。在1999年10月开始的大牛市中，它也成为一只大明星股，飙升了近6倍，直到2000年3月到达顶部。这确实是一只巨大的猛兽股，其股价继续走高，直到以猛兽股的方式到达顶部，给了精明的猛兽股猎人几次机会来获得巨大的收益。

- **朗讯科技**：该公司从美国电话电报公司剥离出来，吸引了大投资者的很多关注，以至于被过度持有。但是在20世纪90年代末期，作为电信设备供应商的领导者，它就像在蜜罐中一样。电信在20世纪90年代末期是热门领域，而朗讯科技是杰出的领导者。这是那些突破后价格开始上涨的众多猛兽股之中的另一只，而且这些猛兽股会在新筑底期后产生更多上升趋势，进而产生更多的收益。从1996年后期到1997年中期，朗讯科技股价翻了一番。然后从1997年中期到1998年早期，它建立了一个长长的底部，因为它在那段长约7个月的筑底期在每股90美元处遇到了阻力，而且那时市场也处于疲软之中。然后当市场在1998年早期恢复力量时，朗讯科技也恢复了力量。这只股票最终突破90美元的阻力位。从此它在接下来的15个月中飙升了将近300％。只是在1998年秋季时有一个令人害怕的价格走势，但是这只股票迅速恢复过来并开始继续上升。从2000年早期直到2002年，朗讯科技接着就以经典的方式登上顶部，随后跟着市场中其他的股票一起崩溃。

- **太阳微系统**：在前一轮上涨之后，太阳微系统从一个健康的双底底部走出来，在1998年10月下旬突破之后的17个月里，它一直在上涨。欧奈尔也买入了这只猛兽股，而且是在几乎最好的点进入，然后随着这只股票的上涨获得了688％涨幅的大部分。那时他对这种类型的股票是如此有经验，以至于他懂得了真正的大钱是通过集中于最强势的股票而赚来的。在这段时间里，他跻身精英行列，他的表现非常出众，巩固了他作为一个成功的操盘手的地位。
- **光学镀膜实验室**：这只有利可图的猛兽股在1998年年末突破其坚实的底部并在仅仅13个月中上涨超过1950％，直到纳斯达克在2000年早期到达顶部。这是大猛兽股的一个巨幅上涨。

雅虎再次成为猛兽股

在1998年年末出现的另一只猛兽股就是我们的老朋友雅虎（见图2-5），我们在1997年强劲的上升趋势的后半部分就曾目睹它在短短的时间内价格翻了一番。在1997年的顶部之后，雅虎的股价平稳下来，然后在短时间内盘整，继而又翻了一番，主要是由于政府签署了一项互联网免税法案，使得该股在1998年年初至4月中旬一直在上涨。接着整个市场回撤，雅虎与市场同步，在1998年春季回到了下跌趋势。6月，雅虎再一次爆发，并在仅仅几星期内几乎翻了一番。这个爆发与市场迅速且短暂的上升同时发生。但是当市场在7月开始摇摆不定时，雅虎也不能支撑住。对市场来说，这将是一次严重的调整，即使是当时最好的股票也无法支撑太久。

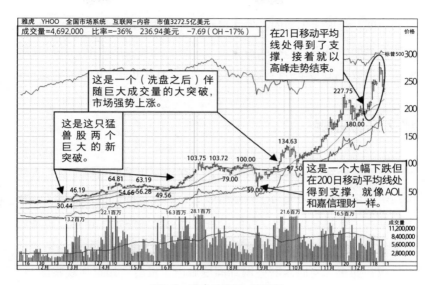

图2-5　雅虎日线图，1998年

在第七章和第八章我们会看到在2004年以及之后有一些猛兽股可以在市场更正常的调整阶段中回撤时仍然上涨的例子。但是1998年的卖出是猛烈而迅速的。这些行为甚至让那些最好的股票都无法招架。雅虎在这种情况下最终失去了在1998年初夏大幅却短暂的涨幅。然后在1998年秋季，市场掉转方向了，这一次雅虎又准备好了。在洗盘（迅速的抛售迫使许多交易者卖出）之后，这只股票建立了另一个底部区域，之后实现了迄今为止最好的上涨。接下来，它经历了令人恐怖的卖出期，伴随着巨大成交量，但很快就在其关键的200日移动平均线处得到了支撑，而且从此开始在它随着大盘上升的过程中除了上涨就没有别的。就像我们在许多其他猛兽股中看到的一样，回撤到21日移动平均线为投资者提供了增加头寸的机会。接下来就是高峰走势的时间，雅虎像先前的其他猛兽股一样到达顶部。事实上，我们会在接下来的一章中看到雅虎再次上演了另一场精彩的上涨，然后在纳斯达克指数于2000年3月到达顶部时，它成为首批登顶的领导股之一。

那么诺基亚呢

前面我谈到过诺基亚以及它是如何在1998年早期到那个夏季大熊市到来的这段时间内成为一只猛兽股的，因为它的价格已经翻了一番多。随后，该股在1998年7月至10月的市场低迷中苦苦挣扎。诺基亚这家公司没有任何问题，是这家公司的股票对当时市场的普遍情绪做出反应，而市场当时对一些国际问题做出了反应。如果你观察图2-1中1998年的纳斯达克综合指数日线图，就会发现其从7月开始一直到10月形成了一个"W"走势。那个"W"实际上就是市场形成了双底的底部。诺基亚的走势呢？它紧随市场的步伐并且形成了自己的双底底部，这一点你可以从图2-6中看到。这又是一个股票如何形成其筑底期的例子。接着，当纳斯达克市场再次掉转方向并确认上升趋势时，诺基亚也为引领市场上涨做好了准备。

一直到1999年早期为止，诺基亚都表现出了极好的走势。1999年上半年，当市场以震荡方式走高时，该股票多次回调至50日移动平均线。在1999年4月和5月，当诺基亚跌破其50日移动平均线时，你会看到成交量是多么小。这和你在本书中看到的其他猛兽股在到达顶部之后放量跌破其50日移动平均线的图表形成对照。诺基亚此刻只是对更加震荡的市场环境做出反应。事实上它在市场该年后期走强时继续上涨。所以一个投资者应该对诺基亚更加有耐心，因为它成功延续了几个月的上涨。

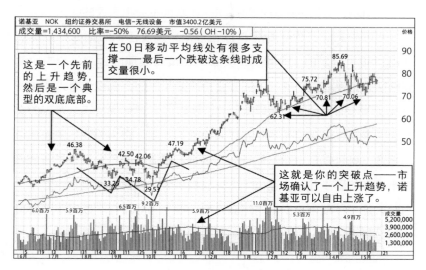

图2-6 诺基亚公司日线图，1998—1999年

　　市场实际上在1998年年末有一个小小的回撤，那是12月份一个很小的事件。所以这个回升比较容易持有，和一年前1997年的那个很相似。特别是和1998年早期的两个回升相比，它显示出了主要上升趋势的力量。当你处于一个主要上升趋势，并且找到了将成为下一批猛兽股的领导股时，你的股票的价格和成交量会告诉你应该做什么。我们目睹了它是如何在诺基亚发生的。当市场强劲时，诺基亚是真正的领导股之一，拥有坚实、正向的价格和成交量走势。当市场挣扎时，诺基亚也会和它一起挣扎。通过观察图2-6，你就可以看出其中的双底底部令那些一直持有的人多么沮丧。这就是为什么实施这样一种策略是明智的，既要观察整体市场，也要观察领导股在整体市场背景下的

走势。很多时候市场和领导股有类似的走势。这就是为什么如果你首先跟踪市场，然后采取适当的行动，你永远不会犯太大的错。

回顾1998年，你会看见那些在该年早期发生的短期回升没能展现出1998年后期的上升趋势的力量，也没有表现出1997年结束时的强劲回升。没有人知道一个回升会持续多长时间，就像没有人知道调整或者熊市的持续时间和幅度一样。不过，只要你保持完全客观的态度，并遵守过去这些领导股经时间验证的规则，密切关注猛兽股和市场指数，就可以获得指示你行为的线索。雅虎证明了一只领导股能够和市场走势同步并且会在市场上升时提供大的收益。但是它也显示了为什么这一过程中卖出规则这么重要，因为领导股在下跌时下跌幅度比指数更大。

第三章

博通公司和其他科技公司：

1999年的猛兽股派对

灯会亮吗

1999年离大的考验就只有一年了。在1999年第12个月后，当午夜钟声敲响时，电灯、电话、电脑以及其他应用电子零部件的设备还能正常运转吗？多年来，公司一直在投资技术硬件和软件，试图在新千年到来之际争分夺秒。我们已经看到了一些千年虫恐慌的受益者。国家的经济健康状况极佳，市场预计，当这一年过去进入一个新时代

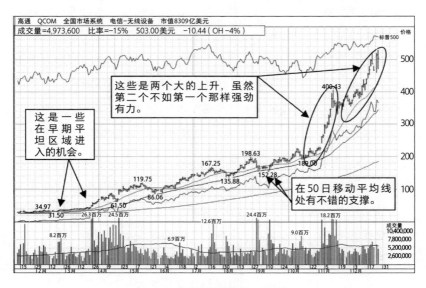

图3-1　高通公司日线图，1999年

时，情况会很好。即使市场同1998年年末相比放慢了很多，它还是很健康，上升趋势仍然完好无损，只是不如我们前面提到的上升趋势那样快。许多在1998年年末复苏的猛兽股在1999年仍然展示出了极好的价格和成交量走势，而且没有任何典型的卖出信号。事实上，一些新猛兽股出现，加入了这场盛宴。

一只新的猛兽股就是高通（见图3-1）。在20世纪90年代末，电信很热，就像我们从朗讯科技得知的一样，而高通有资格成为领导股。销售额快速增长而且预期的利润增长也很健康。高通的股价在1998年一整年震荡，没有成为1998年秋季令人印象深刻的上涨趋势中强有力的领导股之一。实际上，它在那时正在建立并完成了健康的底部形态。然而，在1998年年末，高通形成了杯柄形态（威廉·J. 欧奈尔在他的书中详细介绍的一种筑底形态，我在我第一本书《向最伟大的股票作手学习》中也做了描述，而且在本书结语中也会做出展示）。这基本上是一种健康的形态，历史上表现最好的股票在出现重大价格波动之前会一次又一次地形成。这个形态很像茶杯的侧面图。股票通常会从其先前达到的顶部调整12％到35％。这个形态通常在7周到一年或更长时间内形成。以这种方式来想象它：当股票到达顶部时茶杯是满的。当卖方的力量超过买方力量时，形态中向下倾斜的左侧就会形成，就像把茶杯里的东西倒出来一样。当茶杯内所有液体都没了，杯子中什么都没有时，这就像这个形态的底部——没有很多大的上涨或者下跌，它基本上只是在一个狭窄的交易区间上下波动。当买方开始回到这只股票时，形态中上升的右侧形成了，看上去就像茶杯又满了。在杯柄形态中，关键时刻就在于你等待略微向下倾斜的柄形成时。可以将其想成当你端起茶杯时，把茶杯的把手向后倒。如果这只股票的成交量上来了，形成了一个突破，你就可以从杯子喝到水了。对于高通来说，就是一只股票在上升趋势（请记住3个月的规律）稍晚的时候突破的例子。然后1999年开始的时候，高通随着市场微涨。但是它正面的价格和成交量走势以及筑底期正为它的上涨做好准备。

事实上，高通会在1999年早期盘整并上涨。随着股票继续上涨，成交量越来越大。实际上如果你错过了在1998年年底进入的机会，还有几个可以进入高通的机会。图3-1的左侧是一些早期进入点。虽然在图表中很难看出平底，但你可以清楚地看到，当它突破先前的区域时，成交量激增。为了再次证明这一点，这些猛兽股不只是供事后审查的，也不只是让许多人摸着头想，怎么会有人从一开始就看到了这种情况，然后一直持有，然后正确地卖出，威廉·J. 欧奈尔就再次这样做到了。

欧奈尔的经验和所做的功课又发挥作用了。他和他的基金经理在1998年年末高通刚刚突破底部闪出第一个买入信号时就买入了这只股票。而这只股票在12个月内就上涨了近2500％——这的确是巨大的猛兽股！这对于欧奈尔来说又是另一个大赢家，他在他表现最好的两年——1998和1999年分别收益401％和322％。其中4只主要猛兽股（AOL、嘉信理财、太阳微系统和高通）占据了这个时段内收益的绝大部分，他又一次证明了通过集中于那些财务基本面、价格和成交量方面都是最好的股票，并且与整体市场保持一致，就可以买到大牛股并且在正确的时间卖出以得到巨额利润。并不是欧奈尔购买的所有股票都是大赢家；他也有一些在选股或在时机上的错误。尽管如此，他总是以8％或更少的止损规则来减少损失。

　　还有许多其他的领导股在1999年早期表现很好。随着市场继续上涨，许多股票会从底部突破，然后涨得更高。这一上升趋势比我们见过的其他几次非常强劲的上升趋势的波动性更大。维尔软件就是在1999年早期像高通一样的领导股之一。维尔软件在1月份突破底部并在接下来的14个月中飙升（这个时间正是我在前言中提到的市场历史中主要上升趋势时长的平均值）。但是再一次，维尔软件的涨幅远远高于市场同期的涨幅——维尔软件的涨幅超过1000％而市场的仅仅为74％。奥多比公司因为它的产品在许多不同的商业领域得到广泛的应用，在1999年3月上旬突破并在仅仅一年半的时间内上涨将近600％。这些都是在整个市场上升趋势中的主要领导股，拥有卓越的基本面，其令人兴奋的新产品使许多人受益。

　　到1999年夏季，在经过一些令人印象深刻的上涨之后，市场开始疲软。如果没有另一轮主要上升趋势，且市场处于震荡之中，大多数猛兽股猎手会退到场外，至少就考虑买入新的股票而言。事实上，在如此令人印象深刻的上涨之后，留心市场到达顶部是很寻常的。但市场在很大程度上守住了阵地。1999年7月的加息（自1997年3月以来首次），让市场出现了一定程度的波动和回撤。美联储接着在1999年再次加息两次。每一次加息都让市场疲软，就像你在图3-2中所看到的一样。但是市场一直向前看，到了1999年10月它似乎意识到千年虫恐慌就是那样，纳斯达克指数开始了不可思议的高峰走势。似乎20世纪90年代的狂热被压抑住，然后在一次疯狂的上涨中被释放出来——市场的方向只有一个，那就是向上而且是迅速向上。许多股票开始迅速地突破底部。这是一个快速的上升趋势而且看上去它会带着一切东西上涨。尽管许多新兴的网络公司在除了炒作什么都没有的情况下股价飙升，但遵循经典的猛兽股规则，即要求之前有好的财务表现，就能获得许多人梦寐以求的千载难逢的收益。这是连续第三年晚秋的上升趋势，在主要猛兽股的带领下，市场大幅上涨。

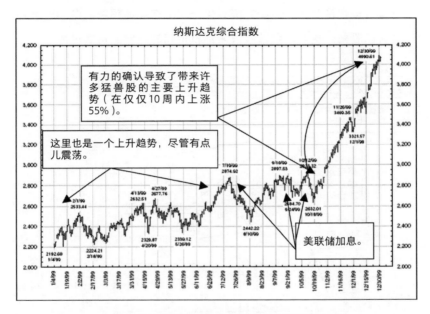

图3-2　纳斯达克综合指数日线图，1999年

来源：www.thechartstore.com。经授权转载。

另一个主要上升趋势

1999年10月，纳斯达克出现了一次经典的上升趋势确认，市场一路狂飙。成交量很大，这又是一个股票操盘手梦寐以求的环境。科技股正在全速上涨，市场也没有经历波动较大的交易形态，而波动较大似乎是那一年大部分时间里市场的情况。当大成交量和新的领导股出现，而且是猛然出现时，提供了一个主要线索，表明上涨趋势将非常强劲。每一天都出现了新的有潜质的猛兽股。甲骨文公司、雅虎、威瑞信、康维科技、安谋科技、美商网域、微战略、美国西科网以及博通就是一些在许多人一生中只能看见一次的在如此短暂的时间内涨幅这么大的股票。这些新猛兽股很多都有相同的经典的筑底过程。

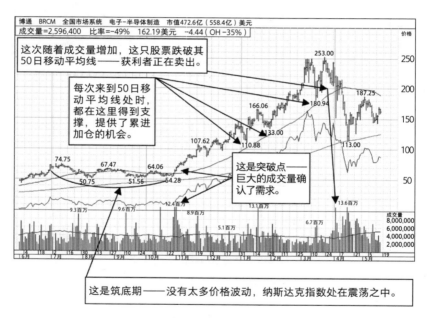

图3-3　博通日线图，1999—2000年
来源：©2006威廉·欧奈尔公司。版权所有。经授权转载。

在20世纪90年代末期市场持续的上升过程中一直都比较安静的股票就是博通（见图3-3）。在之前的时期，它的基本面还欠缺，这又证明了基本面对于大赢家股来说是多么的重要。即使许多没有盈利，甚至连收入都谈不上的新网络公司的股价在20世纪90年代末期上涨到不可思议的高度，如果你选择了这本书中列出的那些基本面强大的领导股，你就可以在财务上改变自己的生活，而不必把赌注押在不确定、风险更高、不盈利的公司上。当博通在建立自己的底部时，它也在改善自身的基本面。在1999年10月到来的时候，博通已经具有了一只大猛兽股所具备的一切特征。它已经为上涨做好了一切准备。

这里列出了博通的关键点。注意到它们和我在第一章中为捷普列出的是多么的相似；将其作为这些以及接下来其他猛兽股的模板是值得的。

- 当市场在6月末至10月处于震荡中时，博通建立了一个底部。在此之前它有一个上涨，这个上涨会使得将来的猛兽股在突破新的底部时更加有力。这个上涨能够从图3-3左边6月的地方看到。

- 当纳斯达克上涨时，这只股票以巨大成交量突破其底部。再一次，这个突破是一个明确的线索，即大投资者在这儿看到了什么并涌入这只股票。

- 50日移动平均线支撑了这只股票，而且一直到清楚的卖出信号出现时都没有跌破这条线。这些是你增加头寸的绝好机会，因为这只股票会回到这条线之上。

- 在仅仅4个月上涨近270％之后，它随着纳斯达克的走势而到达顶部，并发出强烈的卖出信号。那些信号就是当这只股票失去支撑时巨大的成交量——大钱正在锁定收益，且其他领导股或出现经典的高峰走势，或跌破其50日移动平均线。

博通在1999年末期到2000年早期这段时间内的例子也是另一只猛兽股，而吉姆·罗佩尔就恰好交易了这只股票。它是第一只在财务方面大大改变他的生活的猛兽股。自从他选中捷普以及其他猛兽股之后，他就开始意识到它们的走势是多么的相似。他现在已经对于应该做的事情更加有经验和信心了。他大量买入博通股票，一共做了3次大的累进加仓，然后就坐视它特别而又典型的猛兽股表现。

以正确的方法累进加仓

有几种方法可以让你像所有最好的操盘手一样，正确地使用累进加仓策略，这是一种能赚大钱的策略。一种就是罗佩尔做博通这只股票的方法。从其筑底期开始，他就一直观察这只股票。因为他研究了这只股票，所以他知道在它突破时的买入点在哪里。当股票真以巨大成交量突破时，罗佩尔就行动了。他没有犹豫，因为他知道想要找的是什么。因为之前他就经历过这些，所以他对最好的股票是什么样的以及它们的走势很熟悉。于是他在突破点就进入了。博通形成了一个经典形态。随着市场上涨，当成交量推动股票上涨时，他认为他可能拥有一只潜在的赢家股。如果你观察图3-3中的突破点以及之后的部分，就会看到博通一直向上涨。罗佩尔看到了这个力量，所以在刚刚突破之后就进行了两次累进加仓。他在其他之前的猛兽股中看到了类似的走势，所以就大量买进博通股票。这只股票突破时的力量显示了市场对这只股票非同寻常的购买力。所以罗佩尔从一开始就全力出击。

欧奈尔的累进加仓策略之一是，如果该股票在突破之后继续上涨2％到3％，就在最初的头寸基础上加仓。他会立即增加头寸，因为他认为自己可能从一开始就是对的。如果股票上涨超过5％，或者在极少的情况下快速上涨超过10％，他就不会继续追加了。在这种情况下，他会等到它以温和成交量回撤至其50日移动平均线处。在那里，如果这只股票得到支撑，并从其50日移动平均线反弹，他就会增加更多的头寸。罗佩尔在博通的操作，正是欧奈尔多次做的事情——持续加仓，因为他在开始的时候就是正确的。

第二个累进加仓策略是，当股票在温和的成交量下回到50日移动平均线，然后从这条线上反弹，通常是在成交量增加的情况下。伴随着成交量增加，从50日移动平均线处反弹，表明先前的持有者仍然支持这只股票。这和猛兽股登顶之后开始暴跌形成鲜明对比。当它们放量跌破50日移动平均线时，就意味着对这只股票的支撑正在变弱。它简单的供给需求已经通过价格和成交量表现出来了。最好的投资者随着时间已经学会如何解释这个信号。

总而言之，对猛兽股累进加仓最好的地方在它突破时，以及（假设它真的即将成为猛兽股）在它移动至其50日移动平均线时，常常是第一次和/或第二次。如果你在更晚的回撤至50日移动平均线时增加头寸，你的总体成本基础可能会增加太多。这些就是在你选中并正确操作猛兽股时可以在财务上改变你的生活的策略。

罗佩尔在做博通这只股票时，他仅在这只股票上就获得了100万美元的账面利润。因为这只股票给他带来了这么好的收益，罗佩尔一定舍不得把它卖掉。许多猛兽股，由于操盘手以正确的方式执行细节而带来利润时，看起来就像它们已经成为你的家人一样。但是它们只是股票，而且你需要在正确的时间卖掉它们。当它们开始表现得不正常时，就是该卖掉它们并转向其他股票的时候了。罗佩尔鼓起了勇气，正确地卖出了博通的股票。这一举动从财务上改变了他的生活，让他现在处于他曾梦想的位置。

其他猛兽股

1999年年末到2000年年初的股票市场环境让猛兽股猎手的美梦成真。这样的机会并不常见。那时候市场提供了很多很好的机会，而大多数表现好的股票都集中于一个领域——科技。比尔亚系统的商业模式在20世纪90年代末期正处在一个不错的位置（见图3-4）。在开发业绩管理的应用和服务基础设施软件的互联网软件领域，比尔亚系统的产品需求量很大。接着就产生了强大的财务基本面，股价也开始随着市场的大幅上升而上涨。

就像你在图表中可以看到的，比尔亚系统和其他许多股票一样在这个千载难逢的市场纪元里迅速咆哮着飙升。比尔亚系统在仅仅两个多月的时间里就上涨了2倍多，接着就再次回到其50日移动平均线处，继而以巨大成交量反弹至这条线之上。比尔亚系统的迅速上涨——一个有经验的猛兽股操盘手肯定会注意到的——将在高峰走势中达到顶点，就像它之前的很多猛兽股一样。

比尔亚系统也拥有先前的猛兽股的所有特征。它建立了一个底部，并以大成交量突破这个底部，股价创新高。然后它随着强劲的市场上涨，但涨幅超越了市场。它第一次回撤，触及其21日移动平均线，然后从那里以巨大成交量反弹。随着它的基本面持续变得越来越强，其股票像整个市场一样也跟着变得更强。然后它回撤至其50日移动平均线处，但是从没跌破这条线。每次都会把它作为边界线，而且会以更高的成交量反弹至这条线以上，这代表着强大的买方力量。

然后，它的价格出现了一个跳空上涨，股票真正开始上涨并开始高峰
走势。价格上涨的势头一天比一天强，但好日子结束只是时间问题。
它以最大的成交量上涨到一个新高点，然后在那个星期股价的最低点
处结束了——这是一个大的危险警告，暗示着这只股票的趋势即将
改变。然后它就像先前的很多其他股票那样，价格和成交量的表现都
很相似。这只股票尝试着反弹，但是成交量很少，因为卖方都准备好
了。之后它就穿过了21日移动平均线和50日移动平均线，并最终崩
溃。它真的是一只涨势非凡的股票：比尔亚系统在仅仅4个多月的时

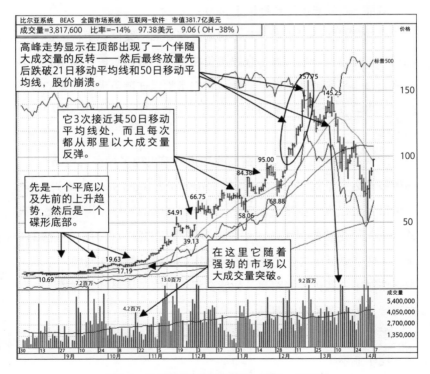

图3-4　比尔亚系统公司日线图，1999—2000年

间内就上涨了685％，这给猛兽股操盘手带去了巨额的利润。

高峰走势

为了弄清楚高峰走势的构成，以便你未来可以在最佳位置看见高峰走势并采取行动，我在这本书的许多图表上展示了一个高峰走势是什么样子的，并将每只股票的高峰走势用椭圆圈出来了。比如说，看图3-4中右上角的椭圆。

威廉·J.欧奈尔把高峰顶定义为：

高峰顶是指一只股票在几个月的上涨之后，突然以更快的速度上涨1到3周。这些一般都发生在股票价格上涨的最后阶段，暗示着未来价格会趋向平稳或者下跌。此外，它们常常以伴随巨大成交量的衰竭缺口（*当一只股票的价格开盘时与前一天收盘价格之间存在缺口时*）而结束。

欧奈尔继续指出，如果在高峰走势之前出现了过多的股票拆分，如果股票远高于200日移动平均线（*70％或者100％或者更高*），高峰顶通常发生在股票在整个走势中价格涨幅最大的时候，当成交量走高并成为整个走势中最大的时候。许多高峰顶的股价在3周内暴涨25％至50％甚至更多。这些迹象都与高峰走势一致。如果你回顾一下本书中一些过去的猛兽股的图表，你就会看到高峰走势是什么样的。一些在高峰走势中登顶的股票是：

美国在线

比尔亚系统

嘉信理财

微战略

高通

泰瑟

雅虎

另一只我们将要观察的1999年的股票是QLogic（见图3-5）。这只热门的科技领导股属于计算机网络，在那时这个领域常有猛兽股出现。QLogic生产适配器、交换器以及其他数据存储部件。在20世纪90年代末因为许多公司都大量投资于科技产品，这些产品的需求量很大。市场对QLogic的产品有很大的需求，使得公司的基本面很好。一个季度又一个季度公司有着3位数的盈利增长率。在1999年4月，QLogic从一个杯柄形态的底部（在图3-5中没有展示出来）突破，到达将近75美元（图表显示的基于股票拆分之后的价格）并且越涨越高。随后，在1999年上半年，它与市场一起以一种相当谨慎但更高的速度缓慢上涨。相比我们在前几年看到的主要上升趋势，当时市场以一种更加震荡的方式走高。

在1999年春季和夏季，尽管涨幅不大，QLogic有着一些积极的价格和成交量走势。然后到了9月中下旬，随着市场在美联储激进的利率政策期间努力站稳脚跟，QLogic回落至50日移动平均线以下，但仍将保持在底部内关键的200日移动平均线上方。这个在底部内的价格走势和在AOL、嘉信理财以及康柏电脑中看到的一样。QLogic之后继续筑底。随着整体市场开始一个新的主要上升趋势，QLogic变成了一只猛兽股。它突破，之后就开始向上爬升。在上升过程的早期，QLogic几次在其21日移动平均线处得到了支撑，结果在这条线的支撑下它继续走高。

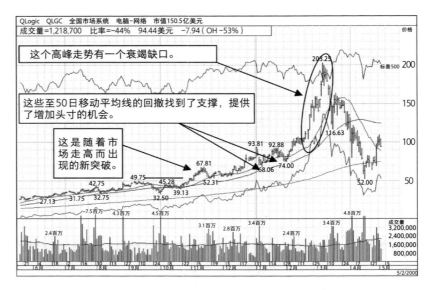

图3-5　QLogic公司日线图，1999—2000年

　　这只股票之后提供了一些增加头寸的机会，因为它在仅仅大约两个月内从上次突破点几乎翻了一倍。这只股票在2000年2月回撤至其50日移动平均线，伴随着成交量逐渐减少，这暗示着许多先前的持有者不愿意卖出。接下来发生的就是教科书式的经典高峰走势。正如在图3-5中可以看到的，这是非常清楚的。这只股票价格暴涨，在仅仅一个月中又翻了一番，甚至还出现了经典的衰竭缺口。对所有价格已经大幅上涨的猛兽股而言，这是重要的卖出信号。是该卖出的时候了，这也恰巧是市场到达顶部的时候。QLogic在到达顶部之前的4个月中一共飙升了300%。就像你即将在下一章中看到的一样，当许多领导股同时到达最高点时，这对整个市场来说意味着灾难。

　　1999年到2000年初的另一只猛兽股就是微战略（见图3-6）。这个公司是一个处于领导地位的软件公司，生产的产品用于数据分析和跟踪应用情况；这些在20世纪90年代末的需求量很大。因为对其独一无二的产品的大量需求，公司的盈利和销售收入飙升。这只股票有一个很长的筑底期，这可以从图3-6中看到。它在1999年9月从杯柄形态的底部（由于股票分拆，突破点是在将近每股42美元的位置，而不是在图中所看到的21美元）突破，这一点比较难在图上看出来。当纳斯达克还在消化美联储的加息并且向上攀升时，微战略将成为一只新的领导股。接着当10月到来、市场真的向上蹿升的时候，微战略走强。因为这只股票回撤至其21日移动平均线处并总能在那里得到支撑，所以持有这只股票比较容易，也给那些有经验的猛兽股操盘手增加头寸的机会。当大的猛兽股以那条线为跳板的时候，你就能确定你已经拥有了一只强势股。

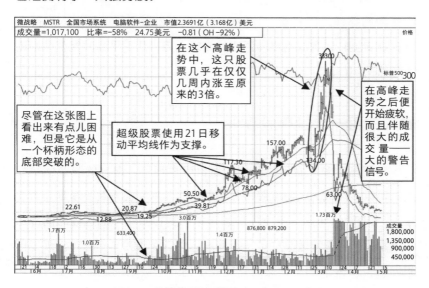

图3-6　微战略公司日线图，1999—2000年

微战略唯一一次真正让其持股者感到恐慌是在2000年2月底，当时它在前一个交易日大幅下跌后跳空下跌。但是一些小的细节会给那些持有者带去一点儿安慰。第一个就是前一天下跌以及在接下来的跳空下跌的成交量都不是很大。跳空下跌那天的成交量虽然比平均水平高，但是并没有显示出许多买家的重大退出信号。另一个细节就是在跳空下跌的那天，这只股票实际上在它的高点附近收盘。所以那又显示了许多人都拒绝全部卖出这只股票。

在接下来的差不多一个星期，微战略将继续让它的持有者紧张不安，之后就移动至其50日移动平均线处并在那里得到了支撑。就是在那个位置，这只股票真正站稳脚跟。反弹至其50日移动平均线之上后，伴随巨大成交量，微战略价格飙升。看上去很多投资者利用了那个支撑区增加头寸，其他人也进入了这只股票，就像我们之前无数次看到的那样。伴随着上升的市场，买方力量使微战略进入高峰走势。事实上，将微战略推向顶峰的高峰走势，几乎是当时整个纳斯达克狂热的例证。

雅虎的再一次猛兽股表现

我们已经多次看到过雅虎的猛兽股表现了。最好的股票就是如此，可以多次成为大赢家股（你在后面的几章中会看到更多近期的例子）。如图2-5所示，雅虎在1998年年末到1999年早期这段时间冷却了下来。但是它接着又创了一个高点，之后在1999年上半年出现了巨幅回撤，调整了50％。然后它建立了另一个陡峭的底部，在1999年春季和夏季初呈现双底底部（见图3-7）。接着在那年夏季剩下的几个月到早秋期间，离开了底部。注意在图3-7中它是如何几次上升，却在97美元附近遇到阻力。但是在市场开始上升的11月初，雅虎终于突破了那个阻力位。虽然成交量只是稍微高于平均水平，这只股票现在有市场的动能作为它的后盾。

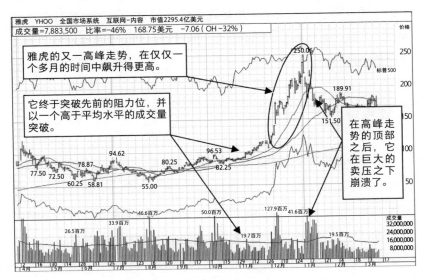

图3-7　雅虎公司日线图，1999—2000年

来源：©2006威廉·欧奈尔公司。版权所有。经授权转载。

　　雅虎在之后继续上升得更高，并在12月上旬远离其21日移动平均线处，并伴随巨大成交量上涨。然后就开始疯狂地上升，并最终到达另一个高峰走势的顶部。雅虎成为一只在主要指数开始大规模抛售之前就已经见顶的超级股。雅虎在2000年1月到达顶部并开始走弱，就像图3-7清楚地展示那样。人们大量卖出这只股票，它试图反弹并创下了另一个新高。但是这次不再有推动股价上涨的买方力量，这一点可以从图表中的成交量柱图看出。那就是猛兽股清晰而详细的卖出信号——在一个典型的高峰走势之后，因低成交量导致反弹创新高失败，真正的崩溃可能就在眼前。雅虎的例子没有什么例外，因为它的股价随后在2000年4月开始崩溃。到纳斯达克真正开始出现抛售的时候，它已经跌掉了先前高点的一半。这只股票没有得到任何持续的买入力量的支持，而随着整个市场在2000年秋季崩盘，雅虎真正地崩溃了。下跌一直持续到2001年9月，而那时这只股票最终跌掉了其高峰时价格的97％。

千载难逢

你在本章中所见到的许多猛兽股（在这段时间中还有很多其他的猛兽股）都不会常常出现。那些可以在一些坚实的上升趋势中两次价格翻一番的，以及其他在短短6到15个月价格涨至原来3倍甚至5倍或更多倍的股票，就是许多投资者梦寐以求的猛兽股。目标就是在尽可能靠近突破点的地方进入，并在其大幅上涨的大部分时间里持有这只股票。再说一次，在1999年年末到2000年早期的这段时期内出现的机会很罕见，所以抓住你的机会来找到多只大领导股，就像欧奈尔做的那样。和你识别这些独一无二的机会的能力一样重要的就是你在这些黄金时间内要把自己因兴奋而过度乐观的情绪与常识区分开来。只有那样，你才能执行正确的卖出原则，并留住自己赚得的利润。

第四章

派对以经典方式结束：

猛兽股登顶并下跌

发生了什么

　　股票市场通常都是这样，当普通或被动的个人投资者最终进入市场时，已经太晚了，因为贪心而导致对股票连续上涨的过度信心很可能导致错误。然后这些投资者会想知道如何把所有的钱全部拿回来——然后是拿回来一些。另外，那些专业投资者几乎在上升趋势刚一开始的时候就进入了，当其他许多人在获得几代人以来最令人印象深刻的账面利润后欢呼雀跃时，他们在寻找卖出信号。

　　这个情景与2000年早期的股票市场环境很相似，那时整个纳斯达克市场都处于一个大的上升趋势之中，这个上升是一个典型的高峰走势，领头的猛兽股每一天价格都在上涨。但在经历了长时间的上涨和几乎闻所未闻的涨幅后，接下来是猛兽股的典型价格走势。你需要回到70年前才能找到类似的情形。

　　在2000年1月上旬，4只大猛兽股登顶（包括在第三章提到的雅虎）。这是一个很小的数字，尤其是许多其他股票当时还在上涨。但是至少要注意一些事情。当你被自己的情绪所控制时——毫无疑问，在2000年年初，你的情绪因极度自信而极度兴奋——所有的警告都被抛在了一边。而当所有的警告都被忽视时，你失去了对细节的关注。那么是你，而不是市场，将不可避免地导致你的失败。请记住，在股票市场上对于细节和规则的关注，将帮助你拥有持续一致的执行。不关注细节，甚至更糟的是看见了却因为过度自信或者兴奋而选择忽视它们，这将导致灾难。到2000年2月底，随着指数继续高涨，又有8只猛兽股登顶，其中包括倍捷科技、威瑞信和比尔亚系统（见图4-1）。它们或是在高峰走势中登顶，且不能创新高来继续上升趋势，或是以巨大成交量跌破其50日移动平均线。那些卖压信号和我们在本书已经见到的图表中的一样，你还将在接下来各章的图表中看到它们。

到3月中期，又有28只猛兽股登顶，并开始大幅下跌。这个数字再加上早些时候登顶的12只，一共是40只，它们开始或者已经从2000年3月的高点下跌。那是一个大规模的领头猛兽股的崩溃。纳斯达克市场开始陷入严重的麻烦。当众多曾推动股市上涨的领导股开始崩溃时，你可以肯定，股市正在摇摇欲坠。事实上，纳斯达克市场指数图表很像许多猛兽股登顶的表现。纳斯达克指数自身就是一个大的猛兽股指数，它已经筑底、上涨并且现在正在以经典的方式登顶。到4月初，又有7只猛兽股下跌，其中包括博通。47只猛兽股现在已经崩溃了，其中35只在仅仅4个星期多一点儿的时间里崩溃，而且这包括那些价格涨幅最大的股票。这里列举出了一些更加受人欢迎的，包括许多我们已经观察过的崩溃的股票：

比尔亚系统

美国科锐

微战略

QLogic

高通

TriQuint半导体公司

威瑞信

雅虎

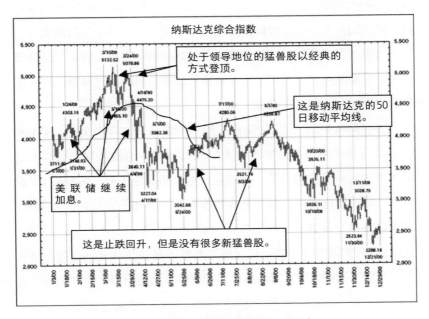

图4-1　纳斯达克综合指数日线图，2000年

来源：www.thechartstore.com。经授权转载。

　　专业的市场操盘手都已经卖出这些先前的领导股了，但是许多投资者却刚刚开始尝试着买入，所以就在接下来的几个月或者几年中任人宰割。猛兽股为那些遵循猛兽股规则以及市场指数价格、成交量行为的人提供了巨大的利润。所有人要做的就是把本书作为将来市场周期的参考，并且在未来市场周期中观察那些处于领导地位的股票以及猛兽股是否以经典的方式登顶——或是高峰走势，或是伴随巨大成交量跌破其50日移动平均线，或者两者兼而有之。请注意，当大规模抛售冲击市场指数以及引领其上升的猛兽股时，市场将需要一段时间来度过调整或熊市阶段。事实上，它们跌得越厉害，再准备好上涨所需要的时间就越长。尽管每一个新的上升周期都会带来新的领导股，但当如此多的领导股快速而猛烈地下跌时，市场需要时间来经历这场大屠杀，以便为下一轮领导股创造新的坚实底部。我不会讲述其他经济方面的细节和原因，因为我在《传奇交易者如何赚得百万》这本书中已经对此做出了讲解。

请观察图4-1。我已经画出了那个指数从2000年开始一直到6月份的50日移动平均线。猜猜市场的50日移动平均线表现怎么样？它的表现竟然和猛兽股一样。伴随巨大成交量，它上升，并且在1月份回撤，并触及这条线。然后就像很多猛兽股在市场健康的时候那样，离开这条线。接着这个指数就以高峰走势继续上升，一直到3月初。之后在3月的第三个星期以巨大成交量跌破其50日移动平均线。这就到了该离开的时间了，就像当你所拥有的猛兽股出现了这种情况你需要离场一样。吉姆·罗佩尔看见了这一现象，他完全变现了——一个数百万美元的账户在一天之内就变现了。他把所有的大赢家股都抛掉了。它们全都进入了高峰走势，并且很多跌得很惨，以巨大成交量跌破其50日移动平均线。

与此同时，威廉·J. 欧奈尔以及他的基金经理也在卖出并收回大量现金，完全基于领导股和指数的量价表现。《投资者商业日报》也告诉读者市场正在见顶。纳斯达克像其他所有猛兽股登顶时一样，发出了相同的警告信号。再一次，是对于细节的关注，而不是情绪化的感觉，提醒那些遵守纪律的操盘手是时候离开了。这的确是很难做出的决策，尤其是因为大多数参与者对市场的实际走势一无所知。大多数人不注意市场的细节。而那就是大多数人和最好的股市操盘手之间的区别。最好的操盘手把自己的情绪放在一边，然后把周围所有的外界噪声都关在门外。他们已经学会了要完全聚焦于事实和本书中所展示的规则。

猛兽股规则出自猛兽股，而不是一些分析师或者有经验的市场参与者，记住这点很重要。这就是本书展示了很多最优股票的图表的原因，即展示究竟发生了什么。这就是为什么欧奈尔强调其成功的CAN SLIM方法不是他的——它是市场从其自己的历史中得出来的。所以，你不应该和它争辩。如果你不能和它争辩，你要改善自己的结果，就要遵守它。在欧奈尔的书中以及《向最伟大的股票作手学习》都有讲述CAN SLIM投资方法。该方法强调了所有最好的股票所共有的重要特征。这是基于事实的，所以经得起时间的考验。

要知道在市场中会犯许多错误，就像我在我其他书中以及罗佩尔在序言中提到的那样。最好的猛兽股操盘手在基于事实和猛兽股规则选择股票时，成功率仍然接近50%。甚至应用CAN SLIM也会导致错误，因为市场没有确定性。但是有了规则、耐心以及经验，当你犯错的时候，可以减少你的错误，继而聚焦于真正的领导股，以至于有一天你就能选中一只猛兽股。

经过3月到5月之间严重的下跌之后，市场又反弹回来。如果许多投资者在股市大幅下跌期间抛售了股票，那么本轮反弹将诱使他们重返市场。事实上，纳斯达克在回升的第四天就确认了一个新的上升趋势。历史表明，这些早期的确认可以相当成功，正如我们所看到的，尽管并非总是如此，因为在股票市场上没有保证。关于2000年的这个反弹和当年晚些时候发生的其他反弹，需要考虑的一件事是，许多主要的领导股在顶部时遭受重创，以至于它们远远没有恢复。而且你现在应该知道，我们需要在新的上升趋势中寻找新的领导股。

2000年的问题是，在最初的下跌趋势中，有太多的股票遭受重创，没有多少新的领导股能够站出来担任领导角色。在新的上升趋势中总会出现一些新的领导股，但基本面强劲的股票数量的缺乏是这次短暂反弹尝试失败得如此之快的主要原因。你会注意到本章没有展示个股的图表。这是有原因的。所有猛兽股都已经或多或少有过上涨，所以当市场在2000年3月和4月登顶的时候，就是卖出的时候了。要看到这点，请回到第三章中所展示的图表并聚焦于在2000年春季表现出来的登顶行为。

避免损失的策略

当市场转向，以及已确立的趋势明显逆转时，是时候采取防御措施了。那些最好、最有经验、最纪律严明的市场操盘手可能会做空先前的领导股——从经纪人那里借入股票，卖出，然后再以较低的价格买回来，赚取差价。但是即使对于更有经验的人来说，做空也是一项艰巨的任务。当市场明显处于下降趋势时，做多也对你不利。猛兽股一般是稀少的。由于大多数股票都遵循市场的总体趋势，所以在下跌的市场中，你不会看到大量的新领导股完成底部，并准备好上涨。在这些情况下，请再次记住，主要和最好的上升趋势只发生在大约三分之一的时间，最好手上全是现金，然后耐心等待下一个确定的上升趋势。

等待是最困难的事情之一，但也是最明智的策略之一。大多数人都没有耐心等待几个月——或者在一些情况下几年——直到一个新的强大的上升趋势到来。缺乏耐心成了血洗账户的最常见错误。请记住，股市是一个数字导向、形态识别的财富寻找游戏。既然形态识别如此重要，你的方法就很简单：如果好的形态没有出现，就什么也不要做。这个策略的问题在于很多人因为沉不住气而不能执行这个策略。当他们执行这个策略，又会常常对其规则做出妥协并允许例外发生。当人们没有遵守规则时，许多人就会受到伤害。人的本性就是找借口、违反规则，结果坐立不安，尤其是当最好的机会一段时间没有出现的时候。最好的机会不会每天都来。事实上，它们只是偶尔才会到来。但是那些机会就是在市场上赚大钱成为可能的时候。最优秀的市场操盘手通常通过惨痛的教训，学会了保持耐心，这是一种谨慎而明智的避免损失的策略。

第五章

大的熊市几乎很少产生猛兽股：

无价的市场教训

不在我们这一代

许多人都认为严重的大熊市出现在其他时代——而不在我们这一代。毕竟很多参与者从没看见过大的熊市。意识到历史会重演，尤其是在股市中，让很多人猛然醒悟过来。但不幸的是对于很多人来说，这个醒悟来得太晚了。这些后期进入市场的人，他们认为市场只会上涨，不会下跌，不知道市场是如何运作的：市场周期如何演变，股票如何走过筑底期，上升的过程什么样（尤其是一个上升的平均时长），以及股票如何在某个特定点登顶。

人性就是这样，人们寻找捷径，而且大多数人从不花费时间来真正深入了解事情如何运转。在复杂的股票市场环境下，忽视知识会给你带来损失。这就是为什么要理解整个股市周期的教训。

在本书的前言中我展示了市场上升趋势如何在大约33%的时间内出现。那就意味着在任何给定的10年中，你平均只能期望看见3个或者4个大的机会。那么就看看本书中的这个10年期吧，它主要有一个牛市、一个熊市以及许多年处于震荡之中，我们会看见4个或者5个主要的机会。所以平均值和历史是同步的，如果数量上说稍微更多一些，原因就是受20世纪90年代末大牛市的影响。如果投资者把他们主要的市场活动限定在1997年、1998年、1999年以及即将讨论的2003年大牛市的话，他们就可以从市场上得到许多人梦寐以求的回报；

他们也可以避免很多令人沮丧的时期，在那些时期许多账户都遭受了损失。通过在其他一些小的上升趋势中持有较小的头寸，然后在许多虚假的反弹中抓住机会，但在事情不成功时迅速减仓，他们可以保留我前面列出的那些主要上升趋势中可以赚到的大部分大额资金。我知道事后来看这个策略似乎很有道理并且很容易实现，但是只有在过去股市中的错误中学习才会带来在未来市场上的成功（吉姆·罗佩尔在本书的序言中提到了这点）。

最好的教训之一就是要在市场上保持耐心和挑剔。如果你一直都活跃于市场而不是在市场不够好的时候躲开的话，你就会以沮丧而告终。许多参与者变得如此沮丧以至于放弃，进而错失市场在未来的某个时间出现的上升的机会。

在任何的市场时期都会有大赢家股，但在没有那些有需求并买入股票的大投资者这样的主要购买力的情况下，找到并持有它们更加困难。请记住，历史上那些最优秀的操盘手通过在市场下跌的时候躲开，直到更好的机会和新的上升趋势形成时再进入，避免了许多挫败。再一次，对于许多市场参与者来说，这一重要教训很难体会。市场不断提供的最昂贵的陷阱是虚假反弹，以及个人不断活跃在市场中，并试图在一有新反弹迹象就进入市场。过度交易是在市场中代价最大的坏习惯之一，它导致了历史上那么多的损失。如果知道确切的损失额的话，许多人都会感到震惊。

少数亮点

一些领域的确在2000年后期一直到2001年和2002年提供了某些

可能性，但是那些上升趋势不像我们前面介绍的主要上升趋势那样强劲而有力（见图5-1）。它们是小的地区银行股票、住房股票以及一些教育/学校股票。所有这些领域产生了一些赢家股，因为它们受益于当时的低利率环境，因为美联储正在快速降息，试图控制已经发生的一些损害。这种较低的利率环境通常对整个股市来说都是好消息，但是对于大多数赢家股来说，损害已经造成。

第一个有大的转折点迹象的回升在2001年4月发生。当时一些小市值的新领导股突破了。值得注意的是，这些公司都是规模较小的公司，而且新领导股的数量不像其他主要上升趋势那么多。所以你可以明确地看到两个警告信号——新领导股的数量和质量。其中一些股票的确在2001年表现很好，但你可以从图5-1中看出这是一个短暂的上升。大量抛售再度主导市场，导致反弹失败，之后大多数潜在的猛兽股都回落了。糟糕的下跌趋势仍在继续，然后9月11日恐怖分子袭击美国的惨剧发生了，进而给市场带来更大的不确定性。此后的推迟开市以及预期的抛售之后，在第五天有了新的上升趋势的确认，市场掉转了方向。由于恐怖事件，大多数新领导股都来自安全领域。在仅仅10个星期中，纳斯达克就上升了49％。这在那年大多数时间的大量卖出之后的确是一个主要上升趋势。一些绝好的机会的确出现，并且有利可图。问题在于，就像每一次市场好转都会遇到的那样：这一次好转会获得更大的力量，并带来一些真正强劲的领导股吗？需要注意的是，当上升趋势变得更强时，最好的上升趋势会不断增加强有力的领导股（再说一遍，常常在3个月之内你会看到大的领导股）。要维持一个主要上升趋势，需要广泛的真正富有创新和活力的公司。2001年年末的时候，似乎太多的注意力都集中在少数几个行业，没有覆盖广泛的市场。

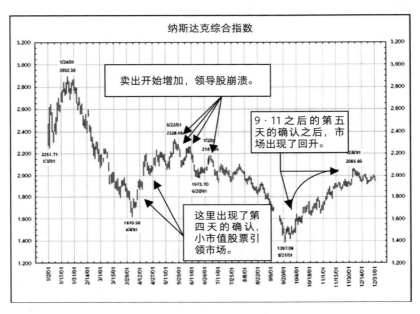

图5-1　纳斯达克综合指数日线图，2001年

来源：www.thechartstore.com。经授权转载。

　　当2002年开始时，看上去自2001年秋季开始的不错的上升会持续下去（见图5-2）。美联储仍然在降低利率，而且市场也处于一个确认的上升趋势之中。但新年刚开始一周，抛售就开始占上风。猛兽股开始崩溃，虽然在2001年的回升中猛兽股的数量很少。住房股是为数不多的几个保持坚挺的板块之一。最好的猛兽股猎手会退到场外，并且等待新的上升趋势，由于市场上缺乏有质量的领导股。不幸的是，那将是一个长期的等待。2002年3月早期的回升持续了仅仅3个星期，上升了14％。2002年5月早期的回升持续了仅仅一个星期，上升了12％。这些短期的开始看上去很诱人，但是缺乏新领导股就是一个很清楚的警告信号。要做的就是等待，并且聚焦于少数领导股进行小量投资。就像提到的那样，这是一个很困难的事情，但是这也是成功的一个关键因素，它意味着持续的挫败和更加冷静客观的观点之间的区别。它也会对你的账户余额产生一个大的影响。

你无疑已经注意到本书中一些观点重复了很多次了（而且将来还会继续重复）。这是有原因的。既然股票市场是关于心理的，那么人类的头脑需要得到重复的提醒，尤其是关于一些最富有挑战的方面。这个重复就是要重复最难理解的事情、更简单且持续成功有效的策略，以及把它们应用到股市上的重要性。在本书中，我将强调许多次

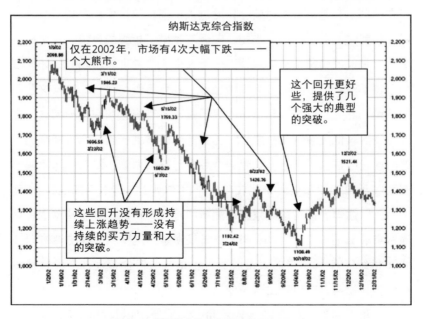

图5-2　纳斯达克综合指数日线图，2002年

来源：www.thechartstore.com。经授权转载。

市场操盘手获得成功所要面临的最大挑战和阻碍。希望在读完这本书后，这些重复的信息能被记住，这样当在现实世界的市场中实施它们的机会来临时，你不会有任何犹豫。你就可以避免市场中许多人一遍又一遍重复的常见错误。

现金为王

在2002年7月下旬，另一个回升形成了，但它还是短暂的。股市在不到一个月的时间里上涨了19%，这将迫使那些最好的猛兽股猎手再次放弃他们的试探性买入。我们知道威廉·J.欧奈尔和他的基金经理在这些上升趋势开始时就会冒险进入市场。但是他们在看见情势不好之后就迅速退了出来。吉姆·罗佩尔也做了相同的事情。这个策略令人沮丧但很谨慎。当你寻找下一批大赢家股并进入市场时，如果发现事情不对，最好卖出、静静地坐着，并且等候。对于2002年这些更加可疑的回升，欧奈尔和罗佩尔只是投入了其资金的很小一部分。在经历许多其他失败的回升之后，你真的想要看到一些信念，即最糟糕的时期已经过去，新的上升趋势背后有足够的力量。欧奈尔和罗佩尔在2001年和2002年这两个比较差的年份中现金持有水平都很高。"现金为王"这句老话在这个残酷的熊市中是如此正确。现金持有水平高通常意味着你账户余额的80%到90%是现金。这样就能保护资本以及在20世纪90年代赚得的大量收益。正是这些资金管理技巧和猛兽股规则，让投资者在市场上获得成功。

注意，当条件成熟时——欧奈尔、罗佩尔以及其他专业人士从其经验中了解这些条件是什么样的——需要投入大量的现金，而且还可以适当应用杠杆（就是从你的经纪人那里借钱）。适当使用杠杆就是说一旦你拥有了一些坚实的收益并且市场走高时，你可以借助杠杆来增加你的收益。精明的投资者喜欢集中购买并持有几只股票，常常开始于10只或者更少，然后随着上涨趋势的持续，把它们减到表现最强劲、涨幅最大的股票。涨幅显著领先的股票可以使投资者使用恰当的杠杆和集中投资原则。那就是猛兽股资金管理的秘密，即大量集中于最好的股票。如果你能做到这点，最后只持有市场中最好的5只左右的股票时，你就能骄傲地成为那次市场上升中最好的猛兽股的持有者。

资金管理的另一个部分就是为了获取最大的收益，大量买进真正的领导股。这和大多数人所听到的分散投资建议完全相反。但是专业人士知道，大钱是通过大名头的公司赚来的。而且他们知道，当他们决策正确，并且选对了股票，收益可以在短时间内成倍增长。要知道怎么恰当地集中投资，需要很多技巧，但是拥有经验，严守纪律（实现巨大收益的关键），你就能从财务上改变自己的生活。如果你看不到很多突出的股票，那就遵守纪律，在场外等候；那就是历史上最好的操盘手迫使自己为避免损失而做的。有时正是在市场上避免了损失才使得你对未来更有信心。当你因为没有看到任何真正的机会而自律地远离市场时，你实际上已经进入了一个成功的操盘手的下一个阶段。没有多少领域是什么都不做就能得到回报的。但在糟糕时期的股市什么都不做却能得到回报。当你决定远离并避免损失时，你需要从心理层面来思考这些回报。

它结束了吗

如果你在糟糕年份的大多数时间都在等待时机的话，那么下一个你根据市场的表现而考虑更大规模回到市场的时候就是2002年10月上旬。因为一些更好的领导股出现了，所以和其他一些回升相比，这次市场上升看上去更有希望。事实上，随着强有力的确认，市场大幅上涨，伴随着更高的成交量水平，看起来似乎抛售压力终于在减弱。我所说的"更好"，还指那些基本面稳固的、更大的公司。这是一个特别重要的因素，因为经济刚刚经历了衰退，尽管是比较温和的衰退。

易贝就是那些新领导股之一，在那年大部分时间市场都在严重下跌的情况下，易贝形成了一个良好的底部，欧奈尔买入了这只股票。这是一个猛兽股的主要特征——它在下跌中比大多数都保持得好。这就是易贝的情况，欧奈尔买入了这只股票。易贝将成为一只安然度过2003年年初风暴的股票，在整个2003年和2004年年初成为欧奈尔和其他人的一只猛兽股，在18个月里飙升了近3倍。

2002年10月确认的上升趋势的一个微妙之处在于，在强劲的开局之后，市场在当年11月底再次陷入停滞。随后，市场回吐了10月和11月的大部分涨幅，一直持续到2002年12月。再一次，如果你在10月的确认中进入了市场，如果许多股票都回撤了，那将是一个短期的持有。一个保持得很好的股票就是易贝。2003年新年伊始，市场伴随着更高的成交量再次上涨。但是那次上升仅仅持续了几周。从此之后就是一直下跌，但成交量更小。市场上的这种时断时续会让人非常沮丧。但你的目标是不要沮丧，而是要让自己从客观的角度出发，利用市场提供的真正可靠的机会。在2003年年初，这个令人沮丧的震荡走势实际提供了一个小的积极的细节。一个关键的细节就是卖压正在枯竭，尽管整个市场的趋势仍然是下跌。在这段时间里，这种价格和成交量的表现是如此具有建设性，以至于很多底部终于结束，随后在2003年3月市场真正开始好转。从2003年2月中旬开始，即便市场正在下跌，市场正在吸筹，许多股票的底部表现出经典猛兽股的特点。然后，当真正的波动到来时，市场就像一根绷紧的弹簧，准备起飞。

重要的是，在困难时期不要放弃，而是要继续寻找小细节，这些细节可以为可能发生的事情提供早期信号。罗佩尔称为寻找"水下篮球"（这个定义在我的书《传奇交易者如何赚得百万》中介绍过），即指在艰难的市场时期寻找筑底形态。当他看到许多基本面强劲的股票准备好，就如2003年年初的许多股票准备好，他非常确定，如果市场有一个经确认的上升趋势，以及许多最有可能成为下一只猛兽股的新领导股突破，那么上升趋势可能会持续下去。"水下篮球"是他描述这种突破的方式（通常是从杯柄形态的底部突破），因为它的表现类似于在游泳池里把篮球放在水下，然后放手。当篮球跳出水面时，它背后的力量类似于一个新的潜在猛兽股的巨大突破。那就是他在2003年初期看到的东西——当我们进入下一章时，你会看见很多领导股有这样的表现。

第六章

中国互联网股及其他
新猛兽股：

新的牛市孕育了大赢家股

这个是真的吗

一个残酷的熊市不断出现虚假的上升趋势，就像我们所看见的那样。到2003年春天，一个真正的上升趋势终于看起来会持续下去（见图6-1）。当股市在2003年最初几个月的大多数时间稳步下跌之后，许多人早已放弃了。但是新的上升总会再次出现，并给出详细的信号，我们在之前的几章中已经看到过这些信号。那就是为什么研究并了解股市历史如此重要。通过回顾历史，看事情究竟如何运转，你总会学到一些东西。就股市而言，在过去，它曾多次在大多数人最不期待的时候，或在许多人完全放弃的时候，出现强劲的上行趋势。

到2003年3月，就像图6-1所揭示的那样，实际上，整个2月份纳斯达克指数一直处于吸筹阶段，因为价格下跌时成交量较低，而价格上涨时成交量越来越高。这又是一些细节——这个信号显示卖压正在减弱。的确到3月中旬，在一个回升尝试的第四天，纳斯达克市场大幅上涨，伴随显著增加的成交量，确认了市场上升的新趋势。大投资者又回到了买入的情绪。更好的一点是，在将近3年的时间中，第一次出现了一些新而强劲的领导股。

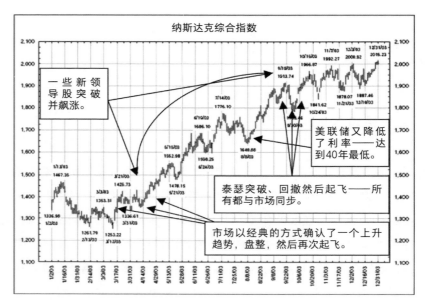

图6-1　纳斯达克综合指数日线图，2003年

来源：www.thechartstore.com。经授权转载。

　　在上升趋势确认之前，只有两只真正的领导股展现出一些希望。但是在确认那一天以及接下来的6个交易时期，市场上又诞生了18只新的领导股，它们就像我在许多图表中显示的那样突破底部。这18只新突破的股票在2003年接下来的时间里都成了猛兽股并且提供了新的不可思议的机会。这些领导股不断发展，因为它们在下跌期间形成了优质的筑底形态后，突破了先前的阻力区域，它们都已经有了强劲的财务表现，而且预计会变得更加强劲。在本质上，它们正在开始表现出像先前的领导股那样的价格和成交量水平。

　　在之后的几个星期中，尽管回升有停滞却没有破裂，又出现了7只领导股。这个回升现在已经产生了20多只基本面强劲的新领导股，而这些领导股又会产生巨大收益，因为市场在该年剩下的大多数时间里都持续走强。在2001年和2002年的几个短暂和虚假的回升中，从没有那么多财务基本面强劲的领导股突破底部。当你观察未来的上升趋势时，这是一个大的线索——有多少领导股在驱动市场向上。

请记住，集中于最好的股票是你所需要做的全部事情。事实上，你能集中投资的程度往往是你能更好地控制风险敞口的程度，尽管这意味着要无视广泛流行的分散投资的古老市场建议。如果市场真的回升，你就只集中投资于那些最好的领导股。这将迫使你持有少数最好的股票，通过避免过度交易和避免滞后股来控制风险。而如果回升失败了，这可能在任何时候发生，就像我们在2001年和2002年多次看到的那样，通过集中投资，你可以迅速看见这是否发生了，那么你就可以在需要的时候迅速退出，进而控制你的损失。如果领导股正在崩溃，那么整个市场也会最终崩溃。

在2003年3月，你得到了一个上升趋势的确认。许多领导股的走势都像先前上升趋势中其他猛兽股刚开始的走势。猜猜是谁在关注这一行情，然后对这些新的潜在猛兽股采取了行动？在市场上经验丰富的谨慎行动让威廉·J.欧奈尔、吉姆·罗佩尔和其他经验丰富的专业猛兽股猎手有足够的弹药来利用下一个黄金机会。他们看到新的正在建立良好底部的股票。这些公司由于在令人兴奋的新产品和/或更好的服务方面的创新而产生了强劲的基本面。

新领导股

在纳斯达克3月中旬确认上升趋势时，有几只潜在的新猛兽股突破了，闪迪是其中之一（见图6-2）。但闪迪对大多数在股市大涨时买入该股的人做了一个假动作。随着纳斯达克消化其快速的启动，它却跌得更低。但仔细观察这一下跌的细节后，我们发现这只是一个小缺陷，我们已看到其他猛兽股有过这样的情况——回撤并在底部内的200日移动平均线处找到支撑。闪迪当时正处于一个需求不断增长的热门新领域——它为卖得非常好的许多型号的数码相机生产记忆棒。这是一个增长行业，闪迪正从巨大的需求中获得经济利益。这只股票不久就会成为大的猛兽股。

当市场在4月份真正启动时，闪迪以巨大的成交量突破。基本面坚如磐石，这次突破是强有力的。还要注意相对强度线（我在图6-2中在它上面画了一条横杆）是如何在突破时和突破后进入新的高点的，以显示这只股票的表现是如何优于其他许多股票并显示出领导地位的。正如图6-2所示，闪迪在大的上升趋势中是一只相对容易持有的股票。这就是耐心发挥作用的地方，它重申了杰西·利弗莫尔的成功之道：当你想赚大钱时，要坐稳。仅仅3个多月，闪迪的股价从突破点飙升了168%，然后开始放慢速度并回撤至其50日移动平均线处。这个走势是这只股票背后有巨大支撑力量的第一个暗示。由于该股票的上涨连续几个月几乎没有中断，因此它的首次回撤可能比正常情况下更严重一些也就不足为奇了。当成交量是卖出时，就是这个情况。但是，对一只正在上涨的猛兽股最好的考验是它在关键的50日移动平均线上的表现。闪迪碰到了那条至关重要的边界线，并从那里反弹回来继续上升。

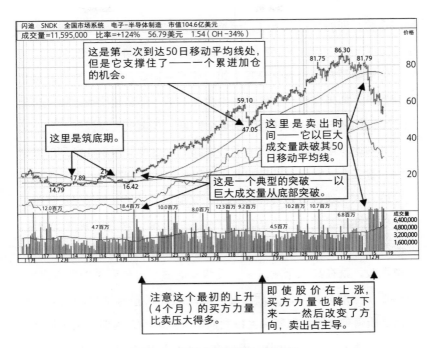

图6-2　闪迪公司日线图，2003年

来源：©2006威廉·欧奈尔公司。版权所有。经授权转载。

在2003年8月初，美联储再次降息，利率降低到了40年的新低，到达1%。现在利率处于历史低点，经济表现出一些强劲迹象，企业利润增长，市场大幅走高，猛兽股也随之走高。这个50日移动平均线的位置是等待和保持耐心的关键时刻。如果股票在那里得到了支撑，那么你就可以增加头寸。如果股票惨烈地跌破那条线，你就应该知道大投资者正在抛售这只股票。对于闪迪而言，它在那里得到了支撑，并且随着整个市场上升得更高而回到了上涨的队伍之中。在闪迪的上升中，我们没有看见像很多领导股那样在走势结尾处常常出现的高峰走势，即股价直线上升。但是闪迪确实展示出了许多猛兽股到达顶部的另一个标志——以大成交量跌破50日移动平均线。在图6-2中，你能够清楚地看到这只股票如何停滞在顶峰，接着大规模的抛售就开始了。如果你没在上涨过程中卖出的话，那么这个大规模抛售就是一个大的警告信号，你要识别这个信号，并卖出股票。

当闪迪以巨大成交量突破了其底部时，这是罗佩尔注意到的股票之一。事实上，它的突破是如此之强以至于他在其突破的那一天就买入了好几次。然后接着在突破之后，又加了几次仓。随着在5月中旬以一些短期平缓的价格走势消化了先前的涨幅，这只股票继续攀升。罗佩尔在上升的大部分都持有这只股票，因为他知道要如何处理一只大赢家股。就在高点刚刚过去，股票没能显示出创新高的力量之时，他卖掉了一部分头寸。之后，在闪迪跌破其50日移动平均线时，他是抛售所有剩余股票以实现巨额利润的卖家之一。闪迪从突破到高点的过程中飙升了290%以上，而他在高点附近首批卖出的股票，让他在7个月内获得了近4倍的利润。

市场测试

需要注意一些市场测试：看市场上升趋势有多强，主要看两个重要因素：

- **上升趋势确认的力度和长度。**欧奈尔细致的研究表明，每一次大牛市都始于对上升趋势的确认，但正如我们已经看到的，并非每个确认都能成功。历史上最好的确认开始得相当快（通常从上升趋势开始的第四天到第十天），并在大成交量的情况下突破。历史上的其他一些确认开始得较晚（从第12天起至3周）。这些确认也可以维持上升趋势一段时间，如果市场没有出现严重的卖压。关键是要先观察到确认，不要在这发生之前就跳进去。然后当市场确认上升趋势时，你就要去寻找并选择那些从良好底部突破、拥有强劲基本面的最好的股票。最好的股市操盘手在整个过程都保持清醒，一直在调整突破之前的潜在猛兽股的观察名单。这就是罗佩尔所应用的"水下篮球"方法（见第五章）的一部分。

- **那些会和市场一起上涨并且引领市场的新领导股的质量和数量。**如果这两个数字都很高的话，那么你就能确定新猛兽股真的会跑到前面，发挥引领的作用。一批批基本面强劲的领导股会帮助你确定上升趋势有多强。我们已经看到，在这本书中介绍的最好的上升趋势中，出现了几十只领导股，并取得了令人印象深刻的涨幅。随着动量的增强，更多的资金被投到这些股票，这让它们有更多的买方力量，从而继续走高。大多数猛兽股与市场走势相一致，而其他一些猛兽股则是随着上升趋势获得更多力量后再跟随。但最好的猛兽股常常是在市场确认开始的附近或几周内突破。但是，随着新的上升趋势的继续，在确认后的3个月内，有时甚至更晚，可能会有新的猛兽股出现。你当然也可以买入更晚出现的猛兽股，但历史证明，最好的猛兽股会在市场确认其新的上升趋势的3个月左右的时间内突破，而最好的股票往往是第一批突破的。会有一些真正的领导股在确认之前引领市场的例子。但还是建议在进入之前先等待市场确认其上升趋势，这样可以降低失败的概率。

在2003年3月以及之后的4月，市场上出现了几十个新名字，它们拥有独特的产品和服务，占据了领先地位，就如之前许多强劲的市场走势的情况一样。下面列举了2003年的一些新领导股的名字（注意这里列出的所有股票的财务业绩也都是领导者。）

- **亚马逊**：这只股票在3月中旬突破了杯柄形态的底部，在仅仅6个月内翻了一番多，并以经典的高峰顶结束。

- **赛瑞丹**：2003年4月，随着市场走强，赛瑞丹在巨大的交易量中突破，随后在上涨过程中多次从50日移动平均线弹开。在2003年年底跌破50日移动平均线之前，它的价格上涨了两倍多。

- **蔻驰**：在2003年3月中旬，蔻驰突破，并在仅仅7个月内就翻了一番，之后盘整，没有出现高峰走势或跌破50日移动平均线，然后继续成为更长期的猛兽股。

- **易搜索科技**：这只股票的表现请见图6-6。

- **基因探针**：这只股票的表现请见图6-5。

- **哈曼国际**：这只股票突破了一个底部，然后其50日移动平均线一直上升，直到2004年1月。此期间它上涨了近2.5倍。

- **国际游戏科技**：从2003年3月中旬的突破到2004年3月底，在12个月内上涨了132%。

- **奈飞**：从2003年3月中旬纳斯达克确认上升趋势到2004年1月，10个月内上涨了362%。

- **豪威科技**：就在纳斯达克3月中旬确认新的上升趋势时，它突破了长达13周的双底底部，在8个月内上涨了3倍。

- **雅虎**：是的，雅虎在经历了熊市的大跌之后又一次成了一只猛兽股。它的基本面反弹，就在市场确认的那一天，它突破了，然后在第二年飙升了200%以上。

下面是其他的一些新猛兽股，它们在2003年春季突破坚实底部时的价格和成交量走势也是一样的，然后在那一年的大部分时间里跟随强劲的纳斯达克市场上涨，然后出现了经典的抛售信号：

- 美国制药合伙人
- 迪克体育用品
- 捷蓝航空
- J2全球通信
- 俄罗斯移动通信公司MTS
- 斯特塔西
- 梯瓦制药
- 联合在线

中国互联网股的机会

快速增长的中国将确保自己不会完全置身于几年前席卷美国的互联网热潮之外。随着中国经济继续以火热的速度增长，新的中国互联网用户很快也会涌向互联网。新的中国网络公司那时将如日中天。新浪网就是其中之一。在图6-3中，你可以看见新浪的走势如何和市场同步。它在1月份走高，然后就像整个2月和3月初的市场一样回落。注意回撤时的成交量是多么的微弱。这一走势和市场一致。在那段下跌的时期，所有的卖出力量都枯竭了，这使得整个市场甚至在市场确认新的上升趋势之前就进入了一个吸筹阶段。

　　那个市场走势在新浪股票中体现出来了。当纳斯达克在3月中旬确认上升趋势时，新浪正从其刚刚建好的底部突破。这种积极的走势和对新浪股票的需求带来了成交量。在其上升的过程中，新浪展示了过去所有猛兽股的特征。在8月初市场停滞并等待美联储行动（美联储委员会将开会讨论利率政策）时，该股甚至回撤至50日移动平均线。当另一次降息开始、市场走高时，新浪也离开50日移动平均线走高。随后，该股进行了最后一轮上涨，直到以经典方式登顶，随后在9月底跌破50日移动平均线，创下自上涨以来的最大的成交量。在从突破到顶部的最好阶段，新浪飙升了近350%，然后停滞、疲软、崩溃。

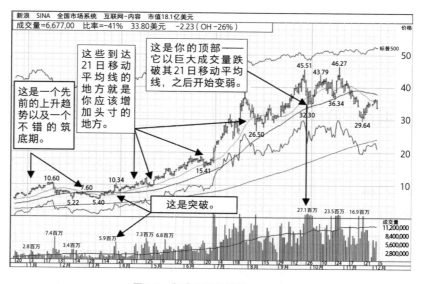

图6-3　新浪公司日线图，2003年

来源：©2006威廉·欧奈尔公司。版权所有。经授权转载。

　　2003年，在中国互联网领域，不仅仅有新浪。网易是另一家收入和利润稳定且快速增长的公司。网易为中国互联网市场开发应用程序、服务和技术。从基本面角度来看它是真正的领导者。在网易突破前的一个季度，其收入比上年同期上升815%，盈利比上年同期上涨207%。然后在2003年3月31日结束的季度，也就是处于突破期的那个季度，收入较上年同期上升392%，盈利上升486%。这是一个迅速发展的新公司，其业绩很难逃过那些大投资者的眼睛。纳斯达克刚刚在3月中旬确认上升不久，网易就大幅度突破其底部（见图6-4）。从那里开始，它呈现为一个漂亮的阶梯形态上升，而且随着这只股票继续上涨，明显的大量需求进入这只股票。在上涨的过程中，网易的表现就像一只真正的猛兽股。它4次回撤到其50日移动平均线处，并且每次从那里伴随巨大成交量反弹。量价的相互作用是一个明确的信号，表明对该股的需求仍然很大。

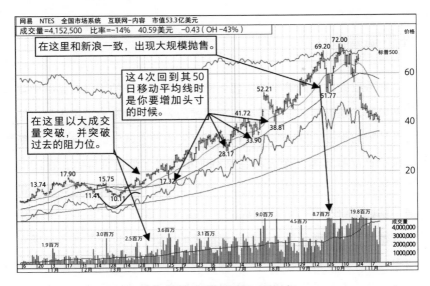

图6-4　网易公司日线图，2003年

来源：©2006威廉·欧奈尔公司。版权所有。经授权转载。

2003年9月下旬，出现了一个大警示信号。网易以巨大的成交量大幅跌至其50日移动平均线，成交量远高于之前回撤至这一关键区域的情况。这是卖出压力开始形成的第一个暗示。而且，这只股票在仅仅6个多月的时间内上涨了300%多。虽然网易继续走高，但它在下一次回撤至50日移动平均线时，成交量更大。在那之后，该股在巨大的交易量中跳空下跌，跌破50日移动平均线。即使一个投资者在那天卖出，他还是能在从突破开始的7个月内赚得将近200%的利润。

2003年爆发的中国互联网板块，和其他主要上升趋势中的其他稳健板块相似。随着中国经济的繁荣，越来越多的人涌向网络并发现它的众多好处，互联网成了一个新的增长领域。搜狐是这个领域中的另一只领导股。就像这些领导股所展示的，当你拥有一些基本面强劲的股票和健康的市场上升趋势，那么你成功的概率就会大幅增加。

许多猛兽股

在残酷熊市后的第一次主要上升趋势中，飙升的不仅仅是中国互联网公司，还有其他在财务上表现强劲的公司，这是一个稳固的市场上升趋势的标志。基因探针公司是医疗生物技术领域的领导者。创新的医疗产品标志着这个公司在其行业和股市上都是领导者。在2003年年初形成一个健康的底部之后，2003年4月，随着纳斯达克逐渐走强，基因探针公司以巨大的成交量突破了其底部（见图6-5）。这种突破领域的扩大是市场上升趋势可能性的关键。在过去的许多市场周期中，医疗股一直是领导板块，因为我们的人口在很大程度上依赖于医疗行业，不断投资于研发，以提供新的方法来改善我们的生活。

正如所提到的，吉姆·罗佩尔在2003年年初就密切关注着这个新的上升趋势。自整整3年前开始的残酷熊市以来，这似乎是第一次真正可持续的上涨。他是怎么知道这是一个更好的回升的呢？就是根据那些开始从其坚实的底部突破的新领导股的数量和质量。随着几周过去，4月份显示出了上升趋势的很多迹象，罗佩尔更加确信这次回升是真的。我们已经看到一些好的、基本面强劲的领导股接过接力棒。罗佩尔那时在寻找其他潜在猛兽股的时候真的很卖力。

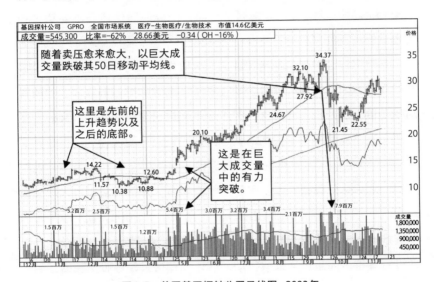

图6-5　美国基因探针公司日线图，2003年

罗佩尔如何找到下一只潜在的猛兽股或者他自己所谓的"水下篮球"呢？他首先浏览他订阅了多年的《每日图表》书中的股票走势图。到2003年为止他已经有将近20年的读图经验了，所以他清楚地知道自己在寻找什么。他首先要寻找经典的筑底形态。然后，他会通

过确保基本面也是一流的来减少候选股的数量。之后它们就上了一个观察清单，他自己就一天一天、一周一周地仔细观察。如果它们在突破之前就失败了，他就把它们从这个观察清单中移除。这就是一个专业人士如何更新其观察清单的。如果有新的候选股，他就会将其加到清单中，并删掉失败的候选股。然后，当市场或股票开始波动时，他就准备好了。他知道，如果有几只基本面强劲的股票正在蓄势待发，而且还有更多的股票突破，他就会感觉到这个上升趋势有戏。在2003年3月和4月，罗佩尔完全掌握了一切，所以他确保自己不会错过市场提供的真正的好机会。

　　基因探针公司就是他所关注的一只股票，因为它已经有了一个很好的底部。因此，基因探针公司在其观察清单中排名很靠前，他所等的就是恰当的时机，如果这个时机会来到这只股票的话。当突破发生的那一天，他就买入了最初的头寸。在股票上升的过程中，他总共买了8次。他之前做赢家股的经验告诉他，累进加仓最好的股票才能赚大钱。之后这只股票一路上涨时他一直持有，并就在它以巨大成交量跌破其50日移动平均线时卖出。他的仓位很大，所以那天他是和很多其他人一起抛售股票的专业人士之一。当猛兽股卖出规则触发时，他没有等待，而是迅速采取行动，这让他在这只领导股上获得了另一笔巨额利润。

　　另一只在2003年的上升趋势中大幅上涨的股票是易搜索科技——罗佩尔也持有这只股票。易搜索科技提供基于技术的产品和服务，使制药和其他医疗公司能够更有效地收集、阐释和分发健康和临床数据。所以当另一个对其产品有大量需求的新公司成为新的领导股也不足为奇。2003年年初，强劲的财务数据开始引起人们对该股的浓厚兴趣（见图6-6）。事实上，易搜索科技在市场确认上升趋势之前就突破了。在上升确认之前就回到市场是更加冒险的事情，但是对于易搜索科技来说，它实际上是领先于市场走势的。这只股票在2003年2月初就从其健康的杯柄形态的底部突破。对于那些错失这个突破的人来说——因为那时候市场环境很差，所以没注意到是正常的——这只股票还提供了其他的进入机会。4月，在纳斯达克市场开始真正上升的时候，易搜索科技的股价出现了放缓，但随后再次以巨大的成交量暴涨。在那之后，这只股票就显现出了先前猛兽股表现出来的一切特征。它在七八两个月份回撤到其50日移动平均线处，之后就从那里反弹，显示了其对这只股票的强烈支撑。

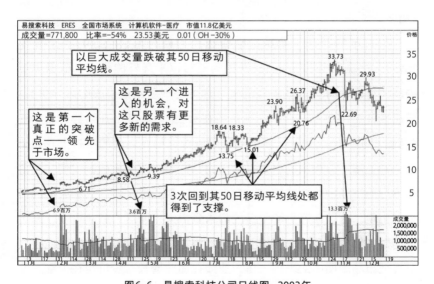

图6-6　易搜索科技公司日线图，2003年

9月份再次回撤至其50日移动平均线处之后，易搜索科技继续走

高，继续保持惊人的涨势。从最初的略高于18美元（当时的真实价格，而不是图表上因股票分拆而显示的个位数）的突破开始，该股在短短9个月内上涨了近8倍。在市场表现强劲后，从更有可能捕获的该股的突破点开始，该股在短短7个月内飙升了近4倍。不论从哪种方式来看，这只股票在2003年强劲的市场上都是一只猛兽股领导者。然后它以巨大成交量跌破其50日移动平均线时，就像之前的许多其他猛兽股一样，是时候该出来了。很明显，这只股票走势最好的部分已经结束。事实上，在写作本书之际，易搜索科技远远不是一只领导股。但是罗佩尔抓住了这只股票，并获得了该股在2003年3月底至10月中旬期间涨幅的大部分，最终他在这只股票上的获利是原始投资的2倍多。

2003年的回升，尤其是纳斯达克的回升（它在2003年上升了50%），提供了自2000年3月开始的熊市以来最好的机会。就像本章中所讲述的一样，这些主要的上升趋势是产生新猛兽股的最佳机会。但需要注意的重要一点是，当市场在3月份确认其上升趋势，然后在4月份真正开始上涨时，新的猛兽股就像它们在之前的所有上升趋势中一样上涨了。相同的原则是适用的。在趋势改变之前，我们在震荡和下行的市场中看到了筑底。我们看见了那些带来新产品和服务的新公司出现。这些新产品和服务的需求量很大，而这为新领导股带来更好的财务结果。利润一季度一季度地增加，然后股价突破，就像在所有其他市场周期中的表现一样。业绩在加速增长，股价也在上涨，使精明的操盘手受益，他们一直在关注并知道要寻找什么。2003年对于罗佩尔来说是最好的年份之一。为什么呢？他现在已经有了主要上升趋势是什么样子的经验。他耐心地等待着合适的机会，虽然他自己都有点儿担心，因为这个等待太漫长了。但是新的上升趋势总是会出现，而他确保自己抓住了这个上升趋势。他的择时技巧提高了，在那一年他捕获了好几只表现最好的股票。事实上，2003年，他的业绩很好（加上他20世纪90年代末和2000年年初的收益），足以让他从自己工作的公司离开，自己创业。但他能做到这一点的唯一方法就是他知道要寻找什么。他知道潜在的猛兽股所拥有的技术面、基本面特征。他还知道一旦自己确定拥有了一只猛兽股时该如何操作。保持耐心，知道要寻找什么，找到之后知道如何操作，尤其是什么时候该卖出，是抓住一两只猛兽股并从中获得高额利润的关键。

第七章

泰瑟令人惊叹的走势以及苹果藐视市场的下跌：

富有挑战的2004年提供了一些猛兽股

很多时候，市场需要时间来盘整之前的巨大收益。2004年年初的市场在经历了2003年的强劲上涨之后也不例外（见图7-1）。我们已经看见许多最好的猛兽股从2003年3月开始上涨，直到2003年年底登顶。那是一个早期的信号。当一个市场上升趋势中最好的领导股到达顶部且伴随大量抛售，市场其他股票的下跌也不会很远了。2004年上半年，股市经历了多次一阵阵的潜在回升，但这些回升很快就失败

图7-1　纳斯达克综合指数日线图，2004年

来源：www.thechartstore.com。经授权转载。

了。当这些回升开始的时候，你要寻找那些基本面最强的、从底部突破的最好股票。如果它们快速失败或者不能突破，或多或少你可以确定它们不会成为下一批猛兽股。如果市场回升失败且并没有成为一轮主要上升趋势，市场产生真正猛兽股的机会就会急剧下降。获取更少的利润，减少损失，或者甚至什么都不做，都是可行的、有利可图的，或避免损失的策略。

当指数转向或试图扭转趋势时，你可以通过观察指数的价格和成交量走势来判断回升的力量有多大。那些最好的带来最好猛兽股的回升，常常一开始就飙升。历史上一些其他的回升开始时更缓慢，但随后它们的动能增加，很明显，上升趋势将继续。但在2004年年初，市场似乎难以出现像2003年那样的走势。

苹果重新焕发活力

在2004年上半年市场起起落落的时候，有一家老牌公司正在建立坚实的底部，开始发出一些声音。苹果电脑的新产品iPod，将改变人们听音乐的方式。这个新产品很快就会流行起来。随着大资金的涌入，这只股票的表现也会变好。正如我们现在所知道的，一个不错的甚至非常强劲的前期上升趋势为大幅突破提供了力量，当所有其他猛兽股规则都到位时，大幅突破可能会到来。苹果实际上在2004年3月初伴随巨大成交量突破了（见图7-2）。一个精明的猛兽股猎手会看到这一点，因为纳斯达克也在试图再次上升。苹果将在3月和4月中旬以经典的形式上涨。但是纳斯达克失败的回升也让苹果出现了回撤。虽然苹果确实回落到50日移动平均线，但它几乎没有跌到这条线以下，而且当它跌到这条线以下时，它的成交量水平也低于平均水平。这是一个信号，表明持有该股的大投资者仍持有大部分头寸。然后该股伴随着成交量的增加开始走高，并在6月中旬有不错的上涨。尽管苹果公司在3月初至6月中旬的表现不错，但纳斯达克指数在7月和8月前两周的暴跌，使苹果公司股价再次下跌，并建立其经典的底部。那时，许多经济问题开始让整个市场担忧。美联储将开始提高利率，使其脱离历史低位。一些国际问题令市场承压，原油价格也在上涨。

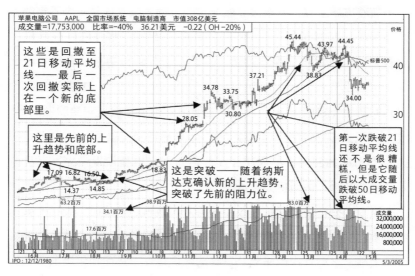

图7-2　苹果电脑公司日线图，2004—2005年

来源：©2006威廉·欧奈尔公司。版权所有。经授权转载。

如果你仔细观察图7-1的纳斯达克指数和图7-2的苹果，你可以清楚地看到它们的表现是如何相互映照的，就像本书中展示的许多其他猛兽股一样。请注意，人们的注意力是如何转向苹果的，但陷入困境的市场似乎将继续上涨。这就是为什么历史上一些最好的操盘手拒绝进入市场，除非上升趋势已经确定，即至少在一个主要指数上获得确认。这一策略可以让投资者避免在震荡、难以找到明确方向的市场上不断受挫。当纳斯达克指数终于再次掉转方向，且这一次显示出了对上涨趋势更坚定的信心时，苹果现在已经准备好成为下一只猛兽股了。苹果现在有市场的动能作为支撑，而这会帮助它走向成功。在8月末，苹果从最近的底部突破，因为它有一个先前的上升趋势，且纳斯达克指数正在走高，它有向上爆发所需的全部推力。

随着市场上涨，苹果很显然成了一只领导股。这是一个不错的上升趋势（在2004年最后的5个月中上涨了25%），但是它缺少我们之前看到的上升趋势的整体力量。虽然在上升趋势中总会有领导股出现，但是没有我们在2003年3月和4月看到的那么多，或者没有我曾提到的20世纪90年代末期那样的主要上升趋势。但是苹果脱颖而出，成为一只主要领导股。苹果的热门新产品iPod，以及其创始人史蒂夫·乔布斯的回归，不仅让公司凭借新产品重新焕发活力，而且改善了财务业绩，进而提高股价。

当令人兴奋的公司正在改变千百万人做事的方式时，大投资者也希望参与到行动之中。再一次，根据猛兽股的其他特征，苹果会随着市场上涨，之后几次回撤到21日移动平均线处，进而提供增加头寸的机会。在一个较短的时期内——3个月——苹果上涨超过了75%。虽然纳斯达克指数也上涨了，但只上涨了17%。在接下来的几个月里，苹果停止了上涨，形成了一个稍平的底部。你可以从图7-2中看到这个底部和微弱的价格波动，这意味着卖出很有限。接下来发生的真正显示了苹果作为领导股的力量，以及众多投资者对它的巨大需求。尽管市场在2005年上半年苦苦挣扎，苹果有着不同的走势。这是罕见的，我们前面见过几次，但当市场缺乏大量的领导股，市场没有处于主要下行趋势时，这种情况确实会发生。

2005年年初，苹果公司受到了如此多的关注，似乎所有大资金要么都进入了商品类股票（见下一节），要么都进入了苹果公司。不管怎样，苹果的持有者都可以一直持有，因为苹果的股票表现不错，没有经历过任何大规模抛售。但这只会持续到2005年3月初，那时它屈服于抛售压力，在巨大的成交量中跌破21日移动平均线。自从它在2004年8月末突破以来，在大约7个月上涨了150%的过程中没有出现过类似情况。这在当时是一个导致卖出信号的警示信号，随后市场继续下行，该股在2005年4月初至4月中旬走弱并跌破50日移动平均线。

我们很快就会看到苹果在2005年晚些时候重整旗鼓，并在建立另一个底部后再次突破。这就是遵循猛兽股规则的最大优势——你可以利用一些最好股票的最佳走势，然后在许多下跌趋势中在场外待着，因为你不确定这只股票的下跌趋势会持续多久或有多严重。然后当这只股票好转，你可以再回来。在大多数时候，当市场重新回到上升趋势时，它们又成了猛兽股，就像我们在过去看到的那些不止一次成为猛兽股的股票，例如雅虎、美国在线。

石油、金属以及其他大宗商品领域的猛兽股

在2003年纳斯达克强劲的表现之后，主要市场指数在上升趋势方面没有很大的进步。但是有一些板块提供了巨额收益。随着原油价格自2004年至2006年的持续上涨，许多能源公司的股价在2004年和

2005年涨幅达到三位数。金属股票也表现得非常好。这类股票大多数常被看作防御性的，且根据历史标准是不能产生巨额收益的。但随着全球经济增长和少数增长强劲国家的需求超过供应，这些可以被视为增长机会。

在石油股方面，这种情况在20世纪70年代末和80年代初曾出现过，当时石油以创历史新高的价格占据了经济新闻。在那些震荡的市场时期，精明的投资者可以通过只关注于那些热门领域来选出那些业绩优于市场的股票；事实上，威廉·J. 欧奈尔就是这么做的。2004—2006年期间也可以这样做。

这是主要市场上升趋势规则的少数例外之一。当一个人只关注一个许多大投资者都感兴趣的超级热门行业，就可以在一个有点挑战性的整体市场中找到一些大猛兽股。由于全球对石油、金属和其他大宗商品的强劲需求，许多从事这些业务的公司的收入和利润将飙升至历史新高。这是一个基本面强劲的特征，是成为猛兽股的先决条件。在此期间，从共同基金到对冲基金的许多大投资者涌入这些股票，这些大宗商品的高价格使得许多交易这些商品的公司利润飙升。我们来看一家股价上涨的能源公司，看看它的股价表现如何沿袭了之前的许多猛兽股的股价表现。在下一章，我会展示一只钢铁领域的超级猛兽股，它也带来了巨额收益。值得注意的是，这些类别中有许多股票表现出强劲的价格表现，并具有历史上最好股票的所有其他共同特征。

西南能源主要在西南几个州从事石油和天然气的勘探和开采。该公司和许多其他能源公司一样，从原油价格高企中获利。西南能源在2002—2003年全年在股票价格方面表现平平，因为2003年的注意力都集中到了纳斯达克以及在前一章提到的许多其他股票上。但在

2004年，能源公司开始受到大基金经理的密切关注，西南能源的股价也开始上张（见图7-3）。在先前的上涨之后，西南能源在2004年春季建立一个良好的底部。随后，随着该股在夏季以大成交量离开这一底部，它继续走高，直到2005年年初。当这只股票移动至其50日移动平均线处时，股价得到了良好的支撑。在不到半年的时间中，股价将近翻了一番。能源板块持续走强，西南能源也随着其走强而上涨。之后西南能源在2005年早期遇到了一些麻烦，因为它以巨大成交量跌破其50日移动平均线。但这只股票迅速恢复并开始形成一个新的底部，这一点你可以从图7-3的左边看到。

由于对能源股的需求持续，西南能源随后以大成交量突破了其最新的底部。它接着就上涨，并在2005年8月在其50日移动平均线处得

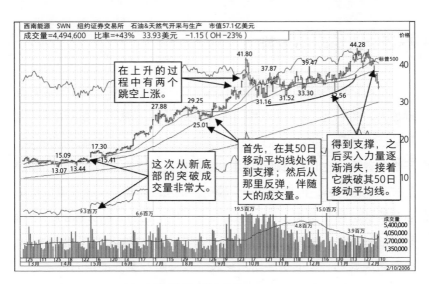

图7-3　西南能源公司日线图，2005—2006年

到了支撑，随后就从那条线处上升，出现了两个跳空上涨。在仅仅12个月多一点儿的时间中，股票价格几乎变为原来的4倍。这期间有两个进场的时间，在突破期以及当它回撤至关键的50日移动平均线处，这时提供了累进加仓的机会。你在图7-3中也可以看到，随着这只股票持续创新高，（在它跳空上涨、之后回撤至50日移动平均线之后）成交量正在枯竭。这表明，与股价一路上涨期间的强劲买方力量相比，对该股的需求正在大幅减少。这是卖出这只股票的信号，它几乎已经走到了上升的尽头。西南能源最终在2006年2月以更多的成交量跌破50日移动平均线。2006年剩下的时间里，该股一直处于震荡走势，但是它的主要上升以及巨额收益机会主要还是发生在2004年和2005年。

泰瑟令人惊叹的走势

近期记忆中这是最好的猛兽股之一，它在2003—2004年期间表现惊人。实际上，它在2003年年底就已经开始上涨了，当时纳斯达克指数还在攀升。此后，这只股票在2004年年初不受市场波动的影响，于当年春季在经典的高峰走势中登顶。这只股票就是泰瑟国际。泰瑟的产品是电击枪，据宣传每一个警局、执法部门甚至一些军事单位都争相购买这种新型电击枪。当2003年市场涨幅的大部分在2003年秋季逐渐减少时，泰瑟才刚刚开始（见图7-4）。它在2003年9月以巨大成交量突破其平坦的筑底期，突破了其每股27美元的阻力位。这个突破并没有持续很长时间，在接下来的几周里，随着市场的挣扎，它的价格回落到25美元，略低于其突破点。但是泰瑟很快站稳了脚跟，并在2003年10月初再次起飞。请参考图6-1，以了解相对于整个纳斯达克市场泰瑟的表现。从10月的那一点开始一直到2004年4月中旬，这只股票有一轮非常好的猛兽股走势——从30多美元涨到了380美元（你在图表上所看到的价格是股票拆分调整之后的），上涨了1100%多。那在仅仅7个月之内真的是一个巨大的猛兽股上涨（这只股票实际上在大约一年的时间内上涨了7000%多）。

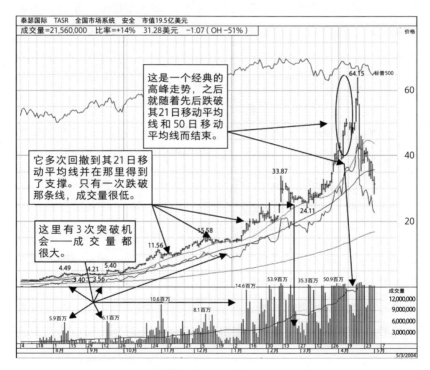

图7-4　泰瑟国际公司日日线，2003—2004年

来源：©2006威廉·欧奈尔公司。版权所有。经授权转载。

根据更现实的规则，泰瑟更现实的买入、持有和卖出点，正好符合一只猛兽股主要走势的持有期的中间部分——7个月。它突破、上升，然后以经典的猛兽股方式登顶——多么漂亮的一个上升啊。这是在2004年上半年纳斯达克指数下跌的情况下罕见的猛兽股。尽管它的突破几乎与纳斯达克同步，但这只猛兽股当时有自己的生命，似乎没有什么能阻止它。这些情况很罕见，但是它们的确时不时地出现。这就是为什么你要同时关注市场和自己持有的猛兽股这么重要的原因，如果你足够幸运能够买到一只的话。如果市场崩溃了而你的猛兽股没跌，就像我们所看到的苹果和泰瑟一样，或者甚至它还能保持上涨，那么你就有可能持有了一只真正罕见的巨大猛兽股。它们在历史中出现过而且还会再次出现。如果你在未来发现一只罕见的超级明星股，对于细节的关注将帮助到你。

如果你观察泰瑟的图表并且也知道最好的猛兽股在过去的表现和走势，那么如果你在突破点或者突破点附近买入泰瑟，就应该很容易一直持有它。在2004年1月的最后一次突破是从一个叫作高窄旗的形态中突破的。那个形态比较罕见，而且只在真正的巨大猛兽股中出现，但是它们的确时不时地出现。这种形态通常出现在股价快速波动的新公司中，这些公司拥有非常令人兴奋的新产品，其基本面以惊人的速度增长。在股票已经大幅上涨之后，它将盘整，并将横盘大约一个月，保持之前的涨幅，然后真正开始大幅上涨。历史上产生过这些罕见的猛兽股，一些最优秀的操盘手选中过这些股票，所以恰当地选中它们还是可能的。尼古拉斯·达瓦斯在20世纪50年代后期选中了其第一只大猛兽股E. L. 布鲁斯并取得了巨额收益，那只股票就是从高窄旗形态突破的。欧奈尔在20世纪60年代早期买入了也是从高窄旗形态突破的辛太克斯（见结语部分的图C-4），收获了其第一批主要大赢家股之一。

泰瑟多次回撤到其21日移动平均线但是从没跌破这条线，即使当市场不是很强的时候。这再次显示了这只罕见的猛兽股在市场没有明显上升趋势时的真正实力。它显示了有多少注意力都集中到了这只股票上。它的热门新产品引起了如此大的兴趣，以至于新资金不断涌入该股。仅有一次泰瑟跌破其21日移动平均线，即2004年3月初，成交量也远远低于平均水平。然后在第二天，这只股票又伴随巨大成交量回到这条线之上。显然现有持有者和其他人看到了该股在这条短期线上获得了支撑。从那时起，在已经大幅上涨之后，该股继续飙升，价格越来越高。在2004年4月中旬，泰瑟出现了一个经典的高峰走势，我们已经看到过很多次这一走势。这就是高峰，就像许多快速波动的股票在几个月里大幅上涨达到高峰一样。泰瑟也不例外，并且接着就从陡峭的悬崖跌落。

股价不会永远上涨，就像我们所见到的以及历史一遍又一遍证明的那样。一个没有经验的猛兽股操盘手，如果他正持有那只股票，可能根本就没想过要卖出，相反，他会因为过于兴奋而错过明显的卖出警告信号。相比之下，经验丰富的猛兽股操盘手会注意这种价格和成交量走势。最好的操盘手会在顶部卖出，因为在常见的高峰走势后，股票无法保持在高位，或者在顶部之后卖出，那时股票朝着50日移动平均线移动，然后伴随巨大成交量跌破这条线。

第八章

谷歌和汉森：寻找猛兽股

震荡的2005年和2006年提供了
一些新机会

2004年很好的回升一直持续到年底，新年迅速地改变了方向。这一年一开始大规模的抛售就冲击了市场。高油价、国际问题、利率上升似乎让市场一下子承受了太多的压力，这与前一年的市场环境类似，当时市场有点挣扎。但是，就像大多数市场环境下的情况一样，当市场没有形成一个大熊市时，有一些潜在的猛兽股正在酝酿，等待精明的操盘手（但请记住，成功的最佳机会是在市场处于明显上升趋势的时候）。

谷歌在2004年8月的首次公开募股吸引了大量兴趣，它锁定的是互联网在线搜索业务。它有很好的基本面，机构投资者对这只新领导股非常感兴趣。谷歌将在一个震荡和平均的市场环境中成为一只猛兽股（见图8–1）。从IPO发行之日起，谷歌几乎不间断地上涨，直到当年年底。请记住，和成功的猛兽股相关的一个关键因素就是，它们必须有一个坚实的底部形态，并且有一些交易历史，进而降低你失败的概率。这对于2004年的谷歌也是对的，尽管从IPO发行之日起该股就表现很好。对于那些等待并应用过去大赢家股的模式的人来说，回报将会非常可观，即使他们错过了谷歌自从IPO发行之日后的第一个上升。

谷歌在首次飙升后，接下来几个月它在相当狭窄的价格区间横盘。尽管纳斯达克在2005年的前4个月调整了将近15%，但是谷歌却保持坚挺。回想一下猛兽股的一个主要特征——它们是在市场调整期间跌幅最小的股票。到4月底，当纳斯达克指数似乎走出了调整阶段时，谷歌准备好了。在建好一个不错的底部之后，它开始爆发并以大成交量突破每股200美元。在大约6周之中，随着纳斯达克的上升，谷歌达到了300美元但随后回撤。注意，当谷歌在2005年4月突破时，它的市盈率是74，再次证明看似高的市盈率并不是做出正确买入决定的主要因素。相反，要从不同的角度来看待市盈率——与公司的盈利增长有关。

举例说明这是什么意思，我们回到图1-3——康柏电脑1997年的日线图，它在那一年随着市场的上升趋势上涨了很多。康柏的市盈率在当时是18，但是其盈利增长率是67%。在其突破前的3个季度的盈利分别同比增长了60%、40%以及42%。这是一个高利润和成长性公司的例子，在增长方面远远超过了传统的市盈率。市场中的大投资者想要增长，他们也愿意为此而付钱。尽管看上去康柏的市盈率只有18，和谷歌的74相比还比较低，但是谷歌的盈利增长率在它第一次突破时是以三位数增长的而且仍在增长。收入增长也很高，将近以三位数增长而且也还在增长。

许多专业人士使用市盈率来更好地掌握卖出的时机，或者至少看看这只股票的价格上升是不是有点儿过热，而不是把它用来做买入决策。他们会观察市盈率在股价上涨期间扩大了多少，看它是否达到历史临界值。在这里，你可以看到真正的专业人士和大多数股市参与者之间的区别——这再次体现在细节上，以及市场是如何真正运作的，而不是一些学术理论。

正如图8-1所示，谷歌在第一次大的突破之后的仅仅6个月中就上涨了近80个点，但是接着它就在50日移动平均线处得到了支撑，

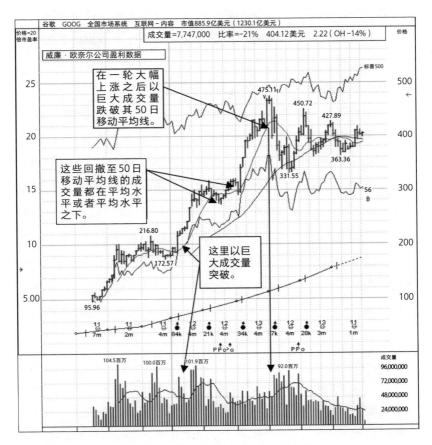

谷歌　GOOG　全国市场系统　互联网－内容　市值885.9亿美元（1230.1亿美元）

成交量＝7,747,000　比率＝-21%　404.12美元　2.22（OH -14%）

威廉·欧奈尔公司盈利数据

在一轮大幅上涨之后以巨大成交量跌破其50日移动平均线。

这些回撤至50日移动平均线的成交量都在平均水平或者平均水平之下。

这里以巨大成交量突破。

图8-1　谷歌公司周线图，2004—2006年

有了增加头寸的新机会。在2005年10月下旬，谷歌的市盈率仍处于60倍的传统高位，因为盈利增长的速度一直快于股价的大幅上涨。谷歌在接下来的差不多4个月中构筑了一个平底，并对先前的涨幅盘整。在此期间，纳斯达克指数陷入了下跌趋势，从夏末到2005年秋季下跌了9%。我们在这里又看到了谷歌比整个市场保持得更好——那些最好猛兽股的一个特征。也要记住2005年的这个市场并没有处在2003年那样的主要上升趋势之中。

　　当市场震荡时，要找到坚实的领导股是很困难的。但谷歌提供了令人兴奋的新业务发展，并赚了很多钱。当市场结束了简短的调整，开始在2005年10月中旬上升的时候，谷歌就以大成交量突破底部，从其50日移动平均线处上升。现在正是加仓一只不断上涨的猛兽股的最佳时机。谷歌随后继续上涨175点，远超纳斯达克指数在2005年12月中旬之前累计上涨12%的表现。当市场在2006年年初开始疲软时，谷歌才有相似表现。1月中旬开始出现更大规模的抛售，在其上涨过程中，除了偶尔出现的一些情况外，基本上不存在这样规模的抛售。然后，它出现了我们在许多其他猛兽股接近高点时的走势，伴随大量成交量，跌破了50日移动平均线。这就是谷歌的顶部和主要卖出信号。

　　在谷歌股票跌破其最重要的50日移动平均线之后的一个星期，谷歌公司报告的盈利低于华尔街预期，这是它第一次在财务业绩上让人失望。在2006年的高点，股票价格是475美元，但是到2006年3月初就缩水到了331美元。随后，在2006年夏秋的大部分时间里，该股票都在震荡。在2006年7月到10月形成了另一个底部之后，谷歌再一次恢复了一些昔日的光辉，在2006年10月中旬又突破了。再一次，根据猛兽股规则，一个精明的投资者会在2005年的上涨趋势中的大部分时间在场内，在震荡走势中退居一旁，当它在构筑底部时在场外观察，并在2006年年末再次进场，因为它再次突破，并再次可能成为猛兽股。

怪兽能量

汉森天然饮料公司看上去并不像一个令人激动的且预期会有猛兽股价格表现的公司。一个在拥挤的市场上的饮料公司需要一些独一无二的东西使自己的股票得到猛兽股的地位。汉森就有这个东西。该公司独特的新产品将其股票推向了顶峰，它有一个非常合适的名字，至少就本书而言是这样的：怪兽能量饮料。这种饮料将成为这家另类饮料公司的标志性产品，该公司将推出能量饮料和其他各种新饮料，以迎合大多数年轻人的需求。结果，怪兽能量饮料推动汉森成为过去几年里涨幅最好的猛兽股之一。

凭借坚实的基本面和更加光明的未来，汉森具备过去许多猛兽股的特征。正是这种强劲的利润和销售额增长，真正推动了股价的上涨，并将许多股票推入了猛兽股的行列。你所要做的就是看看图8-2，看看一只猛兽股是什么样子的。

当汉森以惊人的方式上涨时，你可以清楚地看到上涨过程中的巨大买方力量。这只股票会变成一只猛兽股，而且许多大投资者会在上升过程中买入。你可以在图8-3中看到纳斯达克最终摆脱了其夏季末秋季初的下跌趋势，市场正在好转，并将继续上涨，在此期间汉森将成为市场的领导者之一。但这次的上升趋势看起来很像2004年的那次，在整体数量和质量上缺乏许多领导股。在之前的主要上升趋势中，众多高质量的领导股起到了推动作用。仍然存在很多经济不确定性，包括非常激进的美联储的利率政策，它仍然在上调利率。但能源、大宗商品和房地产等部分板块仍表现强劲。由于房地产行业仍在从前几年的历史低利率中获益，许多机会将集中在这些板块上。而且随着原油价格持续上涨到更高水平，许多能源公司的股价继续上涨。

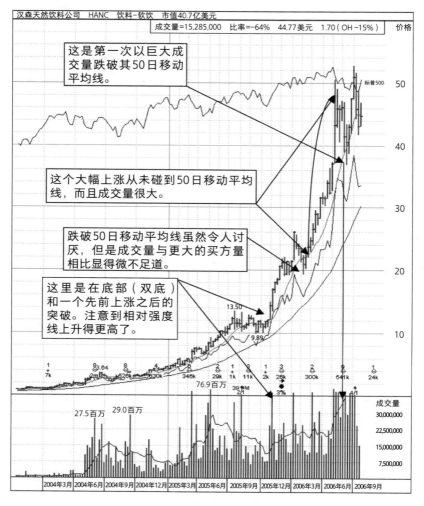

图8-2 汉森天然饮料公司周线图，2004—2006年

　　就像图8-2所显示的那样，在令人印象深刻的上涨，然后是筑底期（与2005年夏末和秋初震荡市场表现一致）之后，汉森在2005年11月初在接近52美元（注意，该图表已根据股票拆分进行了调整）的位置突破了双底形态（比较图8-2和图8-3，并观察相对于纳斯达克整体市场汉森股票的走势）。然后就像图8-3所揭示的，就在市场好转和谷歌突破之后，汉森也马上跟着开始了另一轮大涨。和其他的股票一样，在筑底期汉森跌破50日移动平均线，但是它远在其200日移动平均线之上，因为这只股票在整个市场温和的调整期股价保持得很好。而且，这只股票也没有很大的卖压，且其基本面也变得更强劲。它之后就以有说服力的成交量突破，还有一个细节会让精明的猛兽股

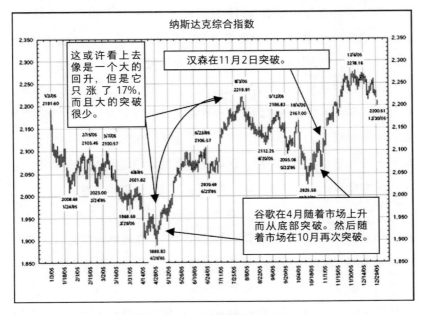

图8-3　纳斯达克综合指数日线图，2005年

来源：www.thechartstore.com。经授权转载。

猎手注意到这只赢家股——在2005年11月初股价突破之前，它的相对强度线实际上飙升到了新高。这一强势信号表明，这只股票过去是多么强，以及未来可能会变得多么强。它在所有的方面都超过了整体市场。

在这些震荡的市场中，当上升趋势没有达到主要上升趋势状态，而下跌趋势相当温和时，你有时会发现，只有少数最好的股票真正表现出色。为什么会这样？这是因为它们在股价走势方面表现得如此有韧性——有着令人兴奋的新产品和高水平的业绩——大量的大笔资金将涌入它们。由于在这种市场震荡时期，超级股票的选择并不多，对那些少数看起来有可能跑赢大盘的股票的需求就会变得更加强劲。2005年，许多表现优于市场的最优秀的专业操盘手只做了几只股票。在震荡的市场环境中，只需要做谷歌、苹果（见下一节）、汉森和几家能源公司，也许还有一些住宅建筑公司的股票。

汉森股价从其11月初的突破点翻了近一倍之后，股价在2006年1月回撤，令许多持有者感到恐慌。这将是该股自最近一次筑底期和突破以来首次跌破50日移动平均线，但下跌时的成交量低于平均水平，这令一些人感到安慰。之后，汉森反弹至这条线以上，然后继续以更大的成交量飙升。从那里开始，汉森加速进入了高峰走势。

在日线图上，你会看到汉森连续两天飙升，分别跳空上涨了16%和14%。但是汉森的股价走势有点儿不寻常。在高峰走势之后，它没有到达顶部，这对于猛兽股来说不是很典型。相反，汉森一路跌至50日移动平均线，并以大成交量稍微跌破50日移动平均线，但随后又反弹至这条线以上，然后再创价格新高。这种走势可能会骗过许多遵循猛兽股经典规则的人，但那个顶部并没有持续很久——请永远记住，最伟大的股市操盘手永远不会在顶部卖出，而是满足于从股价运行中获得最好收益的大部分。虽然汉森在高峰走势之后又回升了，但之后就跌破了其50日移动平均线，使得这个新高时间很短暂。这再次证明，最好的卖出时机仍然是当一个重要的猛兽股卖出规则出现时。汉森的股价在2006年8月初崩溃了（在这个图表中没有展示出来），并且在写作本书之际（2006年10月），已经从其最高点下跌逾40%，其基本面虽然仍然强劲，但是已经不像先前股价上涨阶段时三位数的销售额和盈利增长。当第二季度在2006年6月30日结束时，该公司的盈利增长了75%，销售额增长了83%，这是令人印象深刻的结果，但与该公司在2005年和2006年年初公布的真正强劲的数据相比有所下降。

虽然2005年整个市场震荡，让许多活跃的交易者感到沮丧，因为市场没有产生任何主要上升趋势机会，但那一年市场确实有65只股票的价格翻了一番或更多（我们在这里谈论的是那些每股价格超过12美元、平均每天活跃交易超过1万股的股票）。成千上万的股票中只有65只虽然不多，但是它确实表明，如果市场的总体趋势尽管起伏不定，但仍在上升，会出现一些猛兽股机会，就像我们看到的一样。但是要记住当市场处于一个主要上升趋势时，找到真正猛兽股的机会就会显著增加。那些在2005年表现很好的65只股票之中只有7只上涨了200%或更多，显示出真正的大猛兽股是多么的罕见，尤其是在一个震荡市场中。这和我们在2003年的牛市中所看见的那么多杰出的赢家股相比简直大相径庭。在2005年那7只表现最好的股票中，有钛金属（在接下来的小节会讲到），它在那年上涨了424%，和汉森，它上涨了333%，在那年排第三。其他的大多数都集中在能源、金属以及其他大宗商品板块，和2004年的情形很相似。专注于最佳价格表现股票的操盘手可以跑赢整体市场。

另一只在2005年的市场上表现不错的股票是豪洛捷。这个公司生产医疗和诊断影像系统来帮助妇女早期诊断乳腺癌以及满足其他健康的需求。在2005年它的基本面非常强，所以吸引了很多大投资者。在图8-4的图表中很难看到这点，但2005年6月，该股突破了，尽管没有飙升，主要是因为在4月下旬开始新的上升趋势后，整个6月的市场都是震荡走势。豪洛捷随着市场一起稍微回撤了一点儿，但在7月底公布强劲的盈利报告后，该股大幅上涨。在突破之后，随着市场陷入之前提到的温和调整，其上涨放缓。但豪洛捷再次上涨，显示出绩优股在市场疲软时的力量。在随市场下滑横盘波动之后，豪洛捷在9月中旬伴随大交易量飙升，并在市场继续下滑的情况下再次回落至

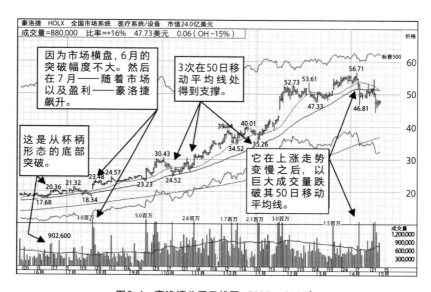

图8-4　豪洛捷公司日线图，2005—2006年

来源：©2006威廉·欧奈尔公司。版权所有。经授权转载。

50日移动平均线。就在11月初汉森飙升时，豪洛捷再次飙升，因为市场开始了一个新的但有限的上升趋势。之后豪洛捷就随着市场沿着其21日移动平均线一路上升，一直到2006年。然后当市场在2006年4月开始疲软的时候，豪洛捷也离下跌不远了。它以巨大成交量跌破其50日移动平均线，显示出最终的卖出信号。这只股票上涨得不错，在8个月里获得了不错的收益——股价上涨了一倍多。

再来一口苹果

正如我们之前几次看到的那样，最好的猛兽股在构筑了另一个底部，继续产生令人印象深刻的财务业绩数据，市场对其最新产品保持强劲需求之后，可以再次回来，并实现更壮观的上涨。2005年年中，苹果的iPod产品仍在加速，公司正全速运转。我们早些时候看见了这只股票如何进行了一个漂亮的上涨，接着像其他许多先前的猛兽股那样登顶。但是苹果从顶部下跌的时间并没有持续很长，因为这只股票不久就构筑了另一个底部，并且大投资者很快对这只股票有大量需求。

你可以从图8-5那儿看到苹果在之前登顶后，有3个月的筑底期。在此之后，它再次突破。纳斯达克指数一直在走高，在2005年7月中旬大幅上涨。当时苹果的股价大幅上涨，突破了40美元大关，而在此前3个月，40美元似乎是苹果股价的上限。从那儿开始，苹果又展示出了强大的领导力，而且相对比较容易持有，就像2004年大部分时间一样。如果投资者跟踪这只股票的价格和成交量走势，并将它与之前的猛兽股的表现相关联，那么在接下来的3个月里，他就可以一直持有这只股票，并且没什么可担心的。2005年10月中旬，苹果股价终于自7月突破以来首次回落至50日移动平均线。成交量很大，这就会考验许多人的耐心。市场在8月和9月已经下滑，而苹果仍然保持住了并且继续上涨。但是在10月市场真的回撤，苹果也回撤。但是对一只领导股的真正的检验是其在关键区域（50日移动平均线）的表现。整个市场那时开始了一个漂亮的上升，苹果伴随着巨大成交量以一个令人印象深刻的方式从那条线处反弹。这一强劲的支撑将推动该股继续走高。从那时起，苹果股价一路飙升，直到2005年12月初，然后随着市场陷入停滞而趋于平缓。

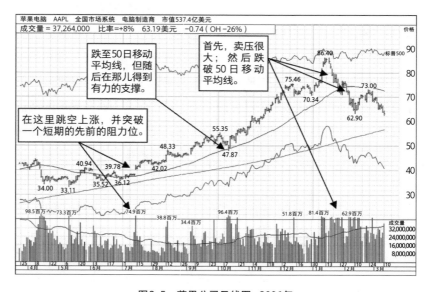

图8-5　苹果公司日线图，2006年

来源：©2006威廉·欧奈尔公司。版权所有。经授权转载。

2006年的强劲开局让苹果的股价大幅上升，出现了一个漂亮的跳空上涨。但是市场迅速地下跌，苹果也跟着下跌。沉重的抛售压力加速，在股价自7月突破上涨了一倍多之后，苹果很快就像2005年年初那样遭遇更多抛售。这只股票之后就在1月再次跌破其50日移动平均线，而且成交量很大；这再一次标志着该离开了。随后，苹果将在这一年剩下的大部分时间里一直处于下跌趋势，直到2006年7月，苹果构筑了新底部的右侧。苹果在2006年10月中旬的确又突破了，并给新投资者提供了另一个机会。当你试图长期持有一只股票，而这只股票似乎要崩溃时，遵循这些猛兽股规则将会限制你的风险，并缓解你可能产生的紧张情绪。遵循这样的规则的好处是，如果股票重新构筑底部并再次突破，它们可以让你重新进入一只强劲的股票。我们在先前的几章雅虎的例子中就看到了这样的走势。

专业人士是如何做的

但是一些人可能会说，既然苹果情况好转，其产品又如此富有创新，投资者就应该在其股价涨跌时都持有它。这样做似乎要比尝试选择准确或接近准确的买入点，猜测高点出现的时间，然后卖出以保持高额利润容易得多，对吧？买入并持有的策略的问题在于，历史中有太多"伟大"的公司最终因为某种原因而失去大投资者的青睐。那时候很多人就会摇头并想知道为什么自己当时不卖出以获得巨额收益。事后诸葛和生活在"会、可能、应该"的世界里会对你的信心造成很大伤害，让你错过未来的新机会。真实世界中安然的例子是股市上所有人都应该知道的，任何事情都有可能在任何时间发生在任何一个公司或股票上。而且安然不是唯一的一个坏事情发生在那些所谓"好股票"上的例子。每个市场时期都有曾经伟大而不应该崩溃的股票却崩溃了。永远不要忘记股市处于充满着不确定性的环境中。但是，通过正确理解事物的运作方式和灌输纪律的规则，你可以更好地把握市场及其领导股的时机。这将使你能够确保你在一只优秀股票的走势中收获最好的部分，然后在适当的时候退出，而不会受到太大的伤害。

为了再一次证明这些例子不是事后诸葛亮，并说明应该做什么，我们再看一下吉姆·罗佩尔是如何交易苹果的。他在2004年8月26日第一次买入苹果，恰好在它突破之时（见图7-2）。他持有该股至2005年1月（市场大量抛售的时候）。尽管苹果股价在支撑位之上，但他仍然对市场如此强烈的抛售感到不安。所以他获利了结，使他的钱翻了一番多。但是他在这之后没有放弃这只股票，也没有停止观察它。他在2005年年末又重新进入了苹果，并在那一年在这只股票上做得更好。在图8-5所示的股价运行过程中，大部分时间他一直持有该股。因此，他两次在这只猛兽股上获得了巨额利润，而不必看着之前的利润逐渐消失，并期待着反弹。即使苹果公司的确反弹，罗佩尔也不必在下跌趋势和它是否会反弹的不确定性中守着这只股票。他关注了优秀股票在过去的走势，并遵循规则。他仍然关注那些形成良好底部并提供新机会的股票，他在2006年10月再次回到苹果，当时苹果再次提供了新的机会，因为它突破了当年大部分时间都在构筑的底部。当这只股票第三次出现机会时，他会做什么呢？还和他先前的两次一样。他会一直持有，直到它给出经典的卖出信号。他会注意观察整个市场的疲软，然后评估苹果的表现。如果它回撤到50日移动平均线，他就会观察它得到支撑的时机，并可能增加头寸。不管怎样，我确信他会像以前一样，再次获得利润。这种理解市场和股票如何运作的策略，加上自我控制和确切知道需要做什么和什么时候做的自信，就是专业与平常的投资者之间所有的区别。

苹果不是罗佩尔在过去的几年中唯一做得好的股票。他也有几次买进谷歌，当时那只股票从筑底期突破，提供了很好的买入机会。然后，他会按照同样的规则持有它，这些规则经受住了时间的考验。然后，当股票出现你在本书中看到的经典且经常重复的走势时，他就会退出。2004年9月，他在谷歌首次公开募股之后第一次以每股125美元的价格买入该股。随后就在2005年1月的前几个星期将其出手，因为那时候大规模抛售冲击了整个市场，当时他也卖出了苹果，现金仓位是100%。2005年，当谷歌构筑了一个新的底部，接着又开始上涨时，他又进去了。随后，他在那一年的大部分时间里一直持有该股，但在2006年1月再次卖出，当时该股大幅下跌，开始调整。但是，就像他在做苹果这只股票那样，2006年晚些时候，在市场确认上升趋势，谷歌突破2006年大部分时间形成的新底部之后，他又回到这只股票。他不用在谷歌长达10个月的调整期持有该股。通过这种方式，他可以确保自己能获得最好上涨行情中大部分涨幅，然后在下跌行情和筑底期的大部分时间里留在场外。在下跌行情和筑底期，如果你仍然持有这只股票，那就太令人沮丧了。

强势的金属板块

如前所述，大宗商品股票是2004年和2005年表现最好的板块之一。钛金属属于特种钢板块。在连续多年亏损之后，终于在2004年财务业绩好转（见图8-6）。得益于全球需求，尤其是中国和印度等快速增长的国家的需求，钢铁和其他大宗商品公司的产品需求飙升。无论从基本面还是股价表现来看，钛金属都将一路高升。实际上它在2004年1月就突破了其在之前的4个月中构筑的底部（这在图8-6中没有显示出来）。那是一个健康的底部，因为它在20美元到26美元这个很小的范围内波动（注意图8-6中所显示的是经过股票分拆而调整过的价格）。这只股票曾经3次在其200日移动平均线处或稍微高一点儿处得到支撑。然后在2004年1月末，它以大成交量突破其先前26.5美元的阻力位。在那之后迅速遇到的唯一的一个问题就是（虽然股价在2004年3月初已经突破了40美元）在2005年春季市场一直处于一个下跌趋势之中。钛金属随着市场一起回撤，但是保持得很好，一直都

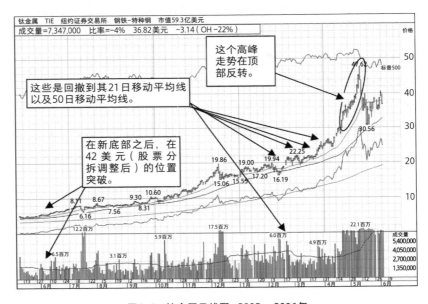

图8-6　钛金属日线图，2005—2006年

高于其200日移动平均线之上。然后就又形成了另外一个底部，并在2005年6月初随着市场在当年五六月份的上升而突破其大约42美元的阻力位。从这个突破之后，钛金属真正开始上涨。在那个突破点之后不到一年中，钛金属飙升了近900%并成为2005年表现最好的股票。在这轮不可思议的走势中，它多次回撤至其21日移动平均线处。对于这样一只快速上涨的猛兽股来说这是很平常的，就像我们已经多次看到的那样。请记住那些最好的快速上升的股票把其短期移动平均线当作蹦床。它们回撤到这些线然后从那儿反弹回来继续上升。

2006年2月，钛金属首次真正引起恐慌，因为它不仅跌破了21日线，还跌破了50日移动平均线，而且成交量也很大。在这里卖出股票仍能让投资者获得可观的收益，几乎是6月份突破时的3倍。但是钛金属迅速恢复而且这个反弹的成交量很大，这意味着大部分投资者选择仍然持有而且其他投资者也进入了。从那个恢复之后，股价将真正大幅飙升。由于整体市场仍在上涨，但波动幅度要大得多，钛金属将与其他能源和大宗商品股票一起作为领导股，继续跑赢大盘，遥遥领先市场。

钛金属的走势不可思议。但是在其即将结束时，它也发出了一些警告信号，这些信号又是那些小细节的一部分。从价格的角度来看，这只股票在大幅上涨之后真正走高了。回忆一下所有先前的猛兽股的高峰走势及之后的登顶。这只股票也不例外。它的价格匆匆上涨，就像我们所看见的许多股票一样。这也再次印证了那句古老的市场谚语：在股票市场，除了股票的名字和参与者的口袋之外，其他事情从来没有真正改变过。对于钛金属来说，这是到达顶部的经典高峰信号。伴随着很大的成交量、价格涨幅超过先前已令人不可思议的涨幅的高峰走势，这都是之前猛兽股即将见顶时释放的教科书式信号，包括随着价格不断上涨到更高的高度而出现的多次股票拆分。钛金属甚至在5月9日出现了跳空上涨，然后在进入顶部时也出现了最好的单日涨幅，这在高峰走势中是非常常见的。然后在顶部的那天，该股票再次飙升（连续第六天上涨），但该股票无法保持其涨幅，它当天逆转，并在巨大的成交量中接近当天的低点收盘。伴随巨大成交量，顶部出现逆转，是猛兽股走势中高点的另一个共同特征。在2006年5月11日还发生了另一件事情，整个市场在那天登顶，并开始一个为期3个月的调整。许多来自能源和大宗商品板块的领导股在那天也都经历了和钛金属一样的走势。

几天之后钛金属继续卖出并接近其50日移动平均线。它的确反弹了一点儿，但是缺乏大的成交量，所以差不多一个星期之后就以巨大成交量跌破这条线。这意味着许多人都在将上升过程中的收益变现。当那样的抛售冲击一只领导股时，你就应该知道那意味着什么以及会对它造成多大的伤害，不管它的地位、名头如何。与往常一样，当钛金属到达顶部时，它的基本面状况良好，因为它在季度数据中仍然实现了三位数的盈利增长。在写作本书时（2006年10月），钛金属已经从顶部下跌了逾40%，即使是市场在其3个月的调整之后开始了新的上升趋势，这一点可以从图8-6中看到。但是当市场在2006年7月开始掉转方向并且上升的时候，钛金属没有随着上升。新的上升趋势会带来新的来自不同行业的领导股。但是这不意味着将来钛金属不会复苏，但是在写作本书之际，更好的机会集中于其他新的不同的领导股。

现在呢

在写作本书之际（2006年10月和11月初），随着纳斯达克在2006年8月中旬的确认，市场出现了新的好转。在5月中旬，市场与当时的领导股一起登顶，再一次显示出历史上每一次登顶上涨都发生过的经典的顶部走势，就像我们在钛金属看到的。当时出现高峰走势的还有一些其他的能源股、金属股以及其他大宗商品股，如RTI国际金属、久益全球、黄金公司以及皮博迪能源，它们引领了市场一段时间。这些都是猛兽股，并至少在2005年到2006年价格翻一番，就像本书中所描述的其他猛兽股一样。它们都有杰出的基本面，在上升的过程

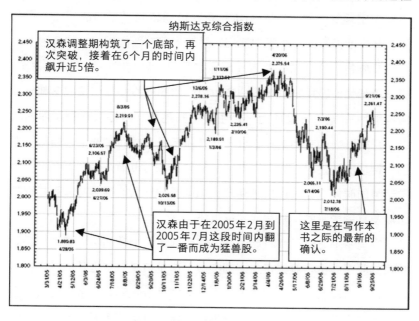

图8-7　纳斯达克综合指数日线图，2005—2006年

来源：www.thechartstore.com。经授权转载。

中在其50日移动平均线处得到几次支撑。接着飙升，进入高峰走势，并随后以大成交量跌破其50日移动平均线——经典的猛兽股形态再次出现。然后所有猛兽股都在5月到8月市场调整时下跌逾40%或者更多，这些我们可以从图8-7中看出来。但是这并不意味着它们不可以在市场以及本书提到的其他条件得到满足的情况下构筑底部并再次成为新的领导股。对于市场变化的持续观察是成功的关键技术。

当纳斯达克在8月中旬确认趋势的转变的时候，对于许多杰出的猛兽股猎手来说这并不奇怪。一些新的领导股出现，而且许多都在3个月的调整期构筑好了坚实的底部。在调整期的最好的筑底来自那些在下跌趋势中下跌最少，同时保持卓越基本面的股票，就像在之前的周期中出现的一样。在2006年秋季，市场转向了不同的板块，因为资金从先前提及的领导股中流出，并流入那些新的板块，如金融、科技以及零售。这会持续并带来新猛兽股吗？只有时间能告诉你答案。但是遵循猛兽股规则以及下一章中要介绍的模板在任何情况下都会有所帮助——无论它是成为一个主要上升趋势，并提供有利可图的机会，正如过去的主要上升趋势一样，还是没有成为主要上升趋势。在第一种情况发生时，你可以增持新猛兽股。当市场开始一个全新的大跌趋势的时候，你可以快速离开。知道要做什么的唯一方法就是跟随市场及其领导股的价格和成交量走势。

在写本书之际，我将展示几只在当前市场上升趋势中表现出领导特质的股票。更多股票正从底部突破，这是市场持续上升的一个积极信号。但是没有人确切知道这个上升会持续多长时间以及它是否真会成为一个大的持续的回升。但是现在，这个分析将更多地显示出处于实际上升趋势的开始阶段是什么样子，而不是总是回顾过去再进行分析。我们也将近距离观察底部是什么样的。当比较一个展示出完整底部、上升以及顶部的图表时，将更容易看到一些重要的细节。

2006年8月上升趋势中的一只新领导股是NVE。这是另一个新名字，和先前的许多猛兽股一致。纳米技术被认为是改善产品的新技术，NVE属于电子元件行业。该公司开发和销售使用"自旋电子学"的设备，"自旋电子学"是一种利用电子自旋而不是电子电荷来获取、存储和传输信息的纳米技术。随着许多公司寻找更有效的存储和传输信息的方法，NVE可能正处于提供一些新的和令人兴奋的东西的最佳位置。它还可以提供更高效的工厂运营，更可靠的医疗设备，以及其他成本更低、质量更好的产品。NVE也特许经营其相信会带来电子存储器革命的磁性随机存储器技术（MRAM）。

随着基本面一季度比一季度更强，这只股票正在吸引更多的注意力。在2005年9月结束的那个季度之后的5个季度中，NVE报告的盈利经历了从-11%到+13%到+86%到+111%到+263%的变化。这个利润增长和收入增长的加速吸引了大投资者的注意力，而这也是所有时期最好的股票的相似特征。

观察NVE的图表（见图8–8），你可以看到一些适用于我们已经讨论过的其他猛兽股的早期特征。现在没有任何保证说NVE会继续表现很好或者市场不会突然转到另一个方向并结束其上升趋势。但是在写作本书之际，NEV可以是一只合格的潜在猛兽股了。事实上，这只股票已经表现得这么好，以至于它早就是合格猛兽股了（它在一个短时间内价格翻了一番还多），但是还是有潜力继续上涨的。但是对于NVE需要小心的就是它可能会遇到上方阻力的问题。如果一只股票在过去几年里达到了一个高点，然后在一个调整阶段后又回到了这

个高点，上方阻力会阻止或延迟股价的进一步上涨。NVE在2004年年
初创下了近69美元的高点（实际上它在1996年到了169美元，但是研
究表明上方阻力是在刚刚过去的几年中才成为一个影响因素的）。当
之前拒绝卖出股票，正承受巨额浮亏的股东正在寻找退出该股票的方
法时，上方阻力就会发挥作用。当一只股票上涨，接近先前高点时，
许多心怀不满的持有者最终会卖出股票，试图接近盈亏平衡。大多数
（但不是全部）最好的猛兽股都是在突破适当的底部，然后达到历史
新高时诞生的。而且，由于NVE也是一只被严格持有的股票（没有
多少流通股），这可以被视为增加了额外的风险。

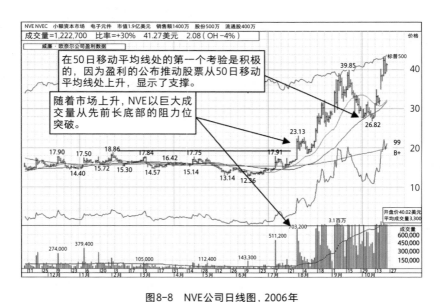

图8-8　NVE公司日线图，2006年

来源：©2006威廉·欧奈尔公司。版权所有。经授权转载。

在图8-8中你可以清晰地看到在7月末那个从长期底部以巨大成

交量的突破是多么有说服力，那时市场正在从最近的调整期之后的底部开始上升。接着就正常地回撤到21日移动平均线，但是随后就以巨大成交量从那条线处反弹并飙升得更高。NVE在仅仅6个或者7个星期的时间内随着市场确认上升趋势而翻了一番还多。在这样的一个迅速的上升之后发生回撤很正常。果然，NVE以大成交量跌破21日移动平均线。这个走势带来了一些担心，因为如果看到这个成交量更小一些会更好。对于NVE的下一个考验就是在其接近50日移动平均线的时候如何反应。这次成交量降低了很多，显示了这只股票的力量。然后NVE公布了一个令人印象深刻的盈利报告，股票又以巨大成交量从50日移动平均线处回升。随着市场的上升趋势的持续，NVE一直到2006年10月底都表现得很好。

卡骆驰是另外一只新的领导股，它在2006年秋季的走势很像过去的猛兽股。这家富于创新的鞋业公司制造很受欢迎的卡骆驰鞋。这个公司还比较新，因为它在2006年2月才上市。这些新股票在有一定的交易历史并构筑了一些高质量的底部之后，有时是未来最好的猛兽股。再一次，基本面非常重要，而卡骆驰符合这个标准。三位数字的盈利和收入增长率，使这家公司的增长处于市场领先地位。更新的产品推动了这家公司的发展势头，它似乎正在全速前进。请注意，在图8-9中，卡骆驰显示出许多与其他猛兽股在早期上涨时相似的地方。在这张图表中，你可以近距离地看到筑底期。如果卡骆驰没有突破成功，这个底部仍然有我们在很多其他猛兽股中所看到的先决条件。卡骆驰刚刚上市并且迅速跌了下来。随后，该股走高，创造了首个上升趋势。2006年5月，市场回调，该股也在夏季出现调整。在这3个月的调整中，你可以看到底部在被构筑。注意底部的低交易量，这表明买卖都不活跃。然后，当7月底股市开始回升时，卡骆驰也走高了。之后它回撤到50日移动平均线处，并从那里反弹。从50日移动平均线处反弹时成交量不大。这个关键的线索导致横盘走势。随着市场的上升趋势扩大到包括零售行业，且零售行业成为领导板块，卡骆驰与其他一些新领导股做好了准备。卡骆驰以巨大成交量飙升，且走出筑底期。然后，它继续走高，并创下历史新高，且高于5月的高点。从5月的高点位置，股价开始下跌、筑底，当时市场开始调整。同样，这一次上升可能会失败，但在撰写本书时，卡骆驰表现出积极的价格和成交量走势，且有着良好的市场环境，这支持了一家具有令人兴奋的产品和强劲基本面的新成长型公司的发展。

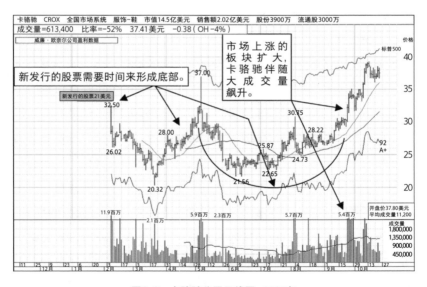

图8-9　卡骆驰公司日线图，2006年

来源：©2006威廉·欧奈尔公司。版权所有。经授权转载。

　　我们要观察的另一只股票就是RIM。RIM制造著名的手提通信设备黑莓手机，以及其他一些产品。在前几年强劲的市场上升趋势中，这只股票多次成为猛兽股。到2006年，在解决了许多与产品相关的法律问题后，RIM推出了最新产品——珍珠，这款产品为流行的黑莓手机提供了全新的外观。随着公司的基本面持续稳健发展，RIM在2006年的大部分时间里构筑了一个健康的底部（见图8-10）。然后，当市场在7月底和8月开始上升趋势时，RIM结束了其筑底期。当它在9月份从一个杯柄形态的底部突破时，这只股票的量能增加。在那个时候建仓会给早期的进入者奖赏，因为RIM随后出现了大的跳空上涨，并以巨大成交量突破了当年早些时候的阻力区域。这是该公司在截至8月31日的季度中公布强劲业绩并预测未来几个季度对其珍珠产品的强劲需求的结果。

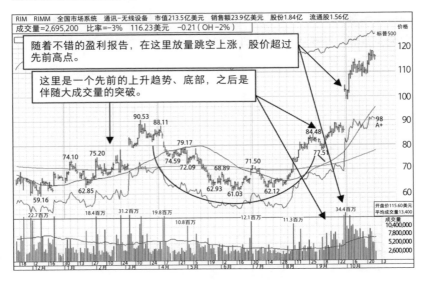

图8-10　RIM日线图，2006年

来源：©2006威廉·欧奈尔公司。版权所有。经授权转载。

　　这是另一只公司正在推出一款高需求产品的股票，它拥有强大的基本面，建立了底部，然后随着市场的上升而上涨，吸引了大量的投资者。同样，在撰写本书时，到目前为止，这只股票的情况还不错。但当你读本书时，你就会知道RIM是否能恢复之前的猛兽股地位。如果是这样，该股就会一路上涨，并在上涨过程中获得必要的支撑。如果不是这样，这只股票就应该会疲软并失败，在这种情况下卖出并转向其他股票就是谨慎的策略。

　　市场永远是不确定的，我想要展示的是，当市场转向一个新的上升方向时，这些较新的股票（在早期阶段表现出与过去一些最好的股票相同类型的走势）是什么样的。这是未来发现猛兽股的关键。同样，如果市场下跌，股票开始下跌，如果你进入这些股票较早，你可以锁定较小的利润；如果你进入较晚，那就止损。不管是哪种情况，你接下来都要退出，寻找其他机会，或者在糟糕或震荡的市场中持有现金，直到一个新的上升趋势出现。

结 语

有一句古老的谚语，和生活中的许多事情都相关。它叫作：保持简单（Keep It Simple, Stupid，被称为KISS原则）。因为股票市场很复杂，而且市场从参与者手里拿走的，远高于参与者从市场上拿走的，很多人认为你不能将这句话应用于股票市场。事实上，你在市场上越保持简单，你的沮丧就可能越少。我在前言中讲到股市技术面分析时提到了这点。历史上最好的操盘手知道，要在市场上成功就必须要先征服自己。如果你能够做到这点，就说明你关注的是市场，而不是其他人的看法，甚至不是你自己内心深处对市场的想法，并且你有很好的纪律，遵守规则。一直坚持下去，你就会获得对你有利的机会。只有通过客观观察、正确解读，然后执行那些经过一个多世纪验证有效的策略，才能实现这个目标。在股市上，KISS原则意味着要保持执行策略简单。简而言之，我将我在《传奇交易者如何赚得百万》一书中的一句话再重复一遍，在此是值得再次重复并强调的：

当你正确的时候，要有让正确最大化的耐心；当你错了的时候，要有让错误最小化的纪律。

如果你希望要简短的版本，你可以记住这个：如果我正确，就稳当坐着；如果我错误，就赶紧闪人。如果你能够一次又一次地做到这点，就可以抓住未来的一些猛兽股，同时你可以控制自己的错误。本书剩余的部分会展示那些在许多市场周期中产生很多猛兽股的模板。这个模板主要是威廉·J.欧奈尔在现实世界中对最好的股票（非常精英的股票）如何一次又一次地表现的研究结果。然后我研究了历史上最好、最成功的操盘手如何捕获那些表现很好的股票。结果是，所有这些——包括表现最好的股票和最好的操盘手处理它们的方式——都是相似的。我将以简单易懂的步骤说明如何猎捕猛兽股——记住，保持简单。

非常好的基本面

全书一次又一次地提到关键基本面要素的重要性。虽然在市场历史中存在着基本面不很重要的情况，但是那些都是很少见的情况。请记住：20世纪90年代末以及2000年年初那些没有盈利，有时连收入都没有的公司短期成为猛兽股，这样的情况并不是第一次。但是那些情况不经常出现，而且它们也提高了你失败的概率。那些在每个主要上升趋势出现的真正超级猛兽股全部都有非常强的基本面。（为了保持简单）三个关键的基本面要素分别是（1）突出的销售额或收入增长，（2）强劲且正在加速的盈利增长，以及（3）高的净资产收益率（ROE）。一般而言，如果一家公司以一流的效率运营，并且有一些让很多人受益的伟大的新产品或服务，那么强劲的收入增长将继续推进，并转化为强劲的盈利增长，这又可以创造出高的净资产收益率。

关于基本面和最好的猛兽股，需要注意的是基本面和股价上涨之间的关系。每一种情况下的模式并不相同，但在大多数情况下，它将遵循相似的路径。这个模式就是：

1. 强劲的基本面，然后强劲基本面的加速，通常出现在猛兽股突破之前。筑底期通常是基本面真正开始发挥作用的时候，因此股价通常会滞后于好的基本面数据的开始或早期阶段。好像就是那些大投资者在说，"在我们蜂拥而至之前，你需要开始向我证明你的价值——我们需要确认从盈利的角度来看，未来是美好的。"

2. 基本面保持强劲，而且实际上随着猛兽股和市场的飙升而变得更加强劲。这意味着最初持有头寸的大投资者预计这只猛兽股在财务方面将继续表现出众——在大多数情况下，它不会让人失望。

3. 几乎所有的猛兽股都会到达顶部，并结束其不可思议的上涨，而其最新的财务数据和甚至不久的将来的财务情况可能依然光明。某只猛兽股的最好的，也很可能是最早期的大投资者将会看到，未来的增长将比目前有所放缓。然后，他们会选择退出，并锁定巨额利润。增长放缓可能会持续几个月甚至几个季度，但事实是，当出现潜在利润或增长减速的迹象时，大资金就会离开。这会骗过大多数人。有丰厚的账面利润和良好的基本面，甚至还有光明的预测，许多人很难面对股票的价格和成交量的变化（这是大投资者的足迹）所告诉他们的现实。这会导致犹豫。等那个时候到来时，股价将远低于近期高点。

从基本面和股价表现的角度来总结，相比公司强劲的基本面，股价的突破有滞后。但随后股价走势又领先，因为当股价到达顶部时，基本面仍然很好。这就是它的运作方式，即使它对大多数人来说可能不那么清楚或没有多大意义。但现实是市场总是向前看，正因为如此，似乎股价开始上涨慢，下跌快，但这就是猛兽股股价的运行方式。

猛兽股股价运行模板

步骤一：设置（准备起步）

健康的底部构筑是拥有最好设置，进而实现最好突破的关键。在我的《向伟大的股票作手学习》一书中，我描述了3个最流行的设置：杯柄形态、双底形态以及平底。威廉·J. 欧奈尔在过去的几十年中通过自己的研究证明，无论在哪个年代，这3个底部形态都会一次又一次地出现在市场中。我强烈建议你研究他的出版物，以了解这些成功的股价走势的所有细节。对于这个模板，我将专注于最流行的杯柄形态。寻找这种类型的设置，尤其是当市场处于横盘或者下降趋势时，因为这种价格形态是股价保持得最好而且最可能在市场掉转方向时成为下一批领导股的。你要寻找的主要是导致第一阶段或第二阶段底部的横盘底部形态。把你的搜寻范围限制在经典形态上，股票成为猛兽股之前会有这些经典形态。如果你只寻找那些几十年来一次次出现的更流行的形态，你就能轻松地完成这项工作（KISS原则）。

你真正需要的只有4种形态：（1）杯柄形态或者无柄杯形，（2）平底，（3）碟形底，（4）双底。这就使得市场的技术形态部分很简单。当我在展示这些筑底期的时候，你可以回顾本书介绍的股票。你会注意到它们横盘或者向下的趋势，接着是上涨，继而开启了令人印象深刻的价格走势。当市场波动时，许多价格表现领先的股票成了真正的猛兽股。许多最好的猛兽股在形成坚实的底部之前都曾经历过高达30%或更多的上涨。那个先前的上涨显示了市场最初就对这只股票有浓厚的兴趣。这个走势也可能表明，一只曾经上涨、你可能错过的股票正在构筑一个健康的底部，未来可能成为下一只猛兽股，它为你提供了一个在突破点附近进入的机会。

本节中出现的插图是块类型风格的简单图表，通常对应于周线图，而不是日线图。这些底部的细节真的非常重要。再一次，我建议你参考欧奈尔的出版物进一步研究，以获得所有的重要细节，因为我在这里提供的简化插图只意在给出一个总体概述。

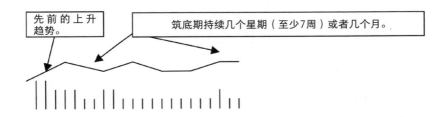

底部一般是我提到的最流行的底部之一——杯柄形态或者无柄杯形态、双底、碟形或者平底。许多时候杯柄形态的底部相比这里给出的这个更有曲线轮廓。

杯柄形态或者碟形底的例子

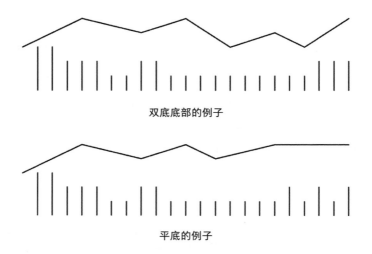

双底底部的例子

平底的例子

步骤二：突破

　　下一个找到猛兽股的关键就是突破——它应发出大而清楚的声响。随着大交易员和投资者建仓，股票从一个底部突破，应该有非常明显的成交量飙升。这成为推动价格猛涨的动力。不是所有突破都成功，但是那些成功的突破，有着巨大的力量。这个力量体现在增加的、远远高于平均水平的成交量上，这样的成交量暗示了来自大投资者的巨大需求。猛兽股破门而出，而且在许多个月或者几年之后的登顶之前都不会回头。上升的相对强度线清楚地表明股票的出色表现，这些猛兽将是随后上升趋势的真正领导者。基本面将会强劲，而且会越来越强，这通常是由于一些新的创新产品或服务的推出，对未来利润的预期非常高。

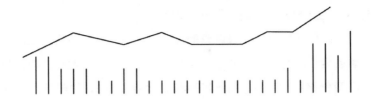

步骤三： 突破之后

如果该股在确认的市场上升趋势中随市场突破（或在市场突破不久后突破），且在突破之后继续走高，你拥有一只真正的猛兽股的概率将会增加。如果这只股票回落到其突破点，它也可能成为一只赢家股。然而，如果它跌到突破点之下并继续下跌的话，你就要卖出，将损失最小化，并寻找其他机会。最好的猛兽股一般不会跌到其最初的买入点之下。事实上，那些最好的猛兽股会持续上升，虽然很多会在一定涨幅后盘整，然后再从那儿上涨。如果你记住了这个规则，它可以帮你减少很多沮丧和金钱方面的痛苦。最好的猛兽股常常就像发射出去的火箭一样突破并持续走高。最好的起飞会继续飞得更高，如果它们掉头，灾难就会马上来临。猛兽股也是一样。

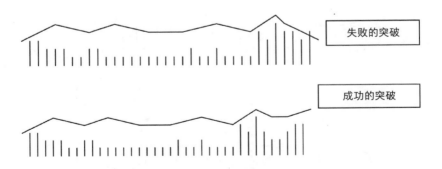

失败的突破

成功的突破

步骤四：上升以及50日移动平均线

下面的模板显示了一只健康的猛兽股伴随强劲的成交量上涨，并在回撤或盘整时有着更低的成交量，这意味着持有者愿意持有这只股票。股票价格线之下的就是50日移动平均线。最好的股票，正如你在本书中一直看到的，都在这条线之上。那暗示了一个非常健康的上升趋势。一些股票可能并且确实短时间内跌至这条线下方，但成交量只是达到平均水平或者比平均水平还低，通常不需要为之担心。但是当它在那条线以下的时间很长或者跌破那条支撑线的时候成交量很大，才表示投资者正在离开——而你也应该这么做。在整个上升的过程中，真正好的猛兽股，就像我们已经看到的那样，会回撤到那条线（就像下图中箭头所示的那样），然后会多次从那条线反弹，反弹时成交量更大。这是一个增加头寸的关键区域，因为大投资者也正在这样做。然后当上升趋势继续时，更多投资者和先前大的交易员会增加头寸，而这使该股有更大的动力继续上涨，并扩大其巨大的涨幅。

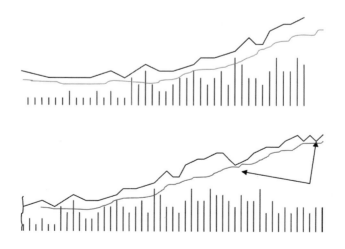

步骤五：顶部

在通常情况下，当事情看起来无法好转时，情况就不会好转。这是在股市要注意的一个关键警示。在顶部或接近顶部的时候，猛兽股会真正影响你的情绪状态。盈利、销售额以及几乎所有的一切都将是一流的。你可能会自我肯定，似乎你是有史以来最伟大的股票交易员，并且告诉每个人你的股票技能水平有多高。然后，股价突然出现调整，而且力度还很大。但是你的自尊心仍然非常高，你犹豫了，反复思考。这恰恰就是错误的做法。正确的做法是密切观察价格和成交量的变化，并在高峰走势开始时，就计划好你的退出策略，而不是你的花钱策略（即你将如何花掉你刚刚赚到的所有钱）。

最好的猛兽股作手就是这样做的——当在顶部的每个人都在热烈赞美这只股票时，他们专注于退出。当一只猛兽股登顶时，人人都因它而兴奋，并知道推动走势大幅上涨的大资金将寻求锁定它们的巨额收益。高峰走势成为这只股票的终结。然后，当它跌破50日移动平均线（它曾经作为一直上涨的支撑）时，是时候走了。在下面，你将看到两个例子，是关于猛兽股登顶时的，不过可以把这二者放在一起，即一只股票在高峰走势中上涨，然后快速而大幅地下跌，穿过50日移动平均线。其他时候高峰走势会使该股票疲软，它会试图再创新高点，但失败了，接下来这只股票就崩溃了。当该卖出的时候，要把规则放在你的情绪之前。虽然基本面看上去仍然很好，不要一直想着这只股票能反转——它几乎不会反转。这是在猛兽股的走势中，区分男人还是男孩儿的时刻。在我的整个研究过程中，我观察到那些最好的股票操盘手能以很少或没有情绪处理这一具有挑战性的任务，正确地卖出。他们保持着客观并且知道历史，所以他们知道自己为了锁定利润应该且需要做的事情。这是实现你伟大梦想的最后一个关键。

跌破50日移动平均线如下图所示。

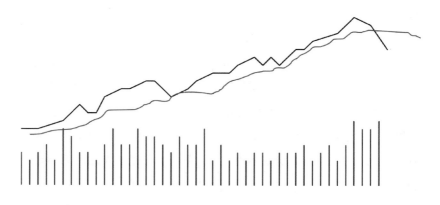

高峰走势如下图所示。

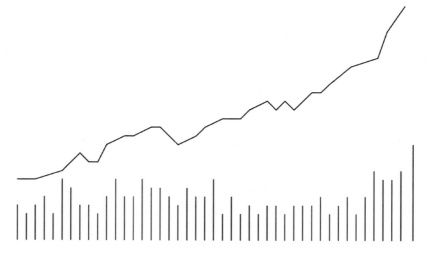

更早时期的一些股票

为了证明上述猛兽股模板没有发生改变，不管是就我在本书中分析的当代的猛兽股，还是更早时代的猛兽股而言，我将展示两只更早时代的猛兽股。再说一次，在哪个时代，这并不重要，因为你会看到相同的模式，但我忍不住抛出一些更早时代的股票，来说明这点。

20世纪60年代产生了市场历史上持续时间最长的主要上升趋势之一（见图C–1）。为了让它更加现实，我将展示那轮上涨行情尾声阶段的一个例子，以证明在一个更长期的上升趋势中，小幅调整后，猛兽股仍然可以在后期复苏。这应该会给所有那些错过了一些最佳机

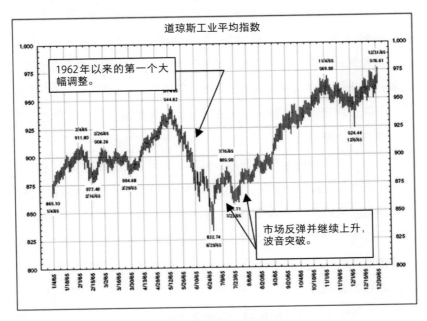

图C-1　道琼斯工业平均指数日线图，1965年

来源：www.thechartstore.com。经授权转载。

会，渴望捕获未来猛兽股的人带来希望。

1965年春季，股市看上去永远不会慢下来。自1962年年末以来，道琼斯工业指数开始了一轮令人印象非常深刻的上升。然后不可避免的，第一个调整在将近30个月后最终到来了。但是看上去市场在仅仅5个星期的调整之后就又恢复了活力。虽然这个很急剧的调整摧毁了当时的许多猛兽股，但是其他猛兽股用这个急剧的调整来筑底。

一只新猛兽股正在形成

从1965年春季的大幅调整中受益的股票之一是波音公司。波音的实力在不断增强；它的基本面强劲而且预计将继续走强。在1965年年初股价震荡后，波音股价在5月份随市场回落，但在200日移动平均线处找到支撑（见图C–2）。我们已经看到，一只股票在筑底期，尤其是在市场回调期间，在200日移动平均线处找到支撑，对未来成为领导股是建设性的走势。那个支撑表明，大投资者至少持有部分头寸，而不是全部抛售。

然后，当市场在短暂暴跌后好转时，波音已准备好上涨。在5个月内，波音价格翻了一番（上升了112%），这奖励了那些精明的跟踪先前超级股票股价行为的投资者。正如我已经提到的那样，这些规则不仅仅适用于20世纪90年代末以及之后的年代——它们一次又一次地在市场开始一个新的上升趋势时出现。伯纳德·巴鲁克是历史上最成功的股市操盘手之一，他在1900年之前在市场中一直很活跃，一直到1965年逝世。他总是提到，他最喜欢买股票以获得大收益的时间是市场在调整或熊市之后即将上涨的时候。然后，如果他新买入的股

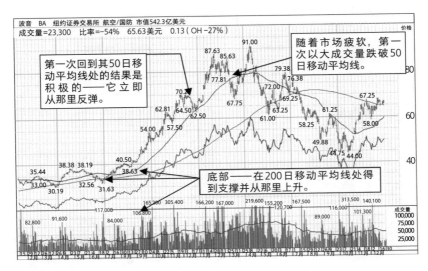

图C-2 波音公司日线图，1965—1966年

票表现不佳，他就会止损。对于他买入的表现最好的股票，他会一直持有，然后在股价上涨到高点时卖出。巴鲁克总是提到他从未在股票的绝对高点卖出过，因为那是不可能做到的，没有人能够完成那个任务。他于将近100年前在股市上发了大财，而且就是通过遵循本书中所列举的规则实现的。

对于波音，你可以从图C-2中看到，当它在1966年2月最终跌破其50日移动平均线的时候就是退出这只股票的一个很好的地方。图C-3中的道琼斯工业平均指数显示在1966年2月左右整个市场到达顶部，即将出现糟糕的下跌。虽然波音上涨了一点，它最终还是在1966年卖出压力占领市场的情况下崩溃了（记得巴鲁克关于在精准的高点卖出的看法吗？如果你在2月份的时候按照他的观点执行，你就可以避免一些心理上的痛苦和金钱上的损失）。

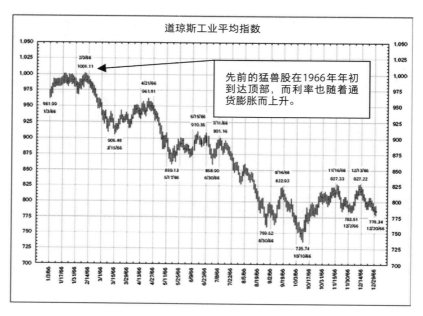

图C-3 道琼斯工业平均指数日线图，1966年
来源：www.thechartstore.com。经授权转载。

再来看一个过去的例子怎么样？辛太克斯在20世纪60年代初期成了一只热门股票，它推出了避孕药，这是另一种令人兴奋的新产品，它将对许多人的生活产生影响。在1963年市场处在一个明显的上升趋势中，辛太克斯具备了猛兽股所有经典的特征。这只股票在1963年上半年已经引人瞩目了，因为在当年4月到6月的仅仅两个月里，它上涨了逾100%（见图C-4）。该股随后横盘移动，并形成罕见的高窄旗形态。然后在1963年7月，这只股票再次上涨，开始一个很好的走势，在接下来的6个月中上涨了逾470%。这是欧奈尔第一批主要的赢家股之一，因为他在这只股票突破的时候就以100美元（图中的价格是经过股票分拆调整之后的）的价格买入。之后他就一直持有这只股票，一直到它在6个月后进入高峰走势并在顶部附近卖出了。早在1963年，辛太克斯就表现出了与我们这个时代看到的许多其他猛兽股一样的价格和成交量走势，这再次证明了市场在不断重演。你需要做的事情就是观察泰瑟的图表（见图7-4）并且和几十年前的辛太克斯的图C-4相比较，就可以看到这两者之间的相似点。

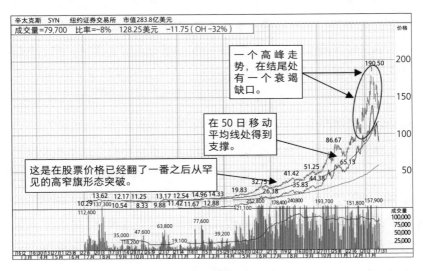

图C-4　辛太克斯公司日线图，1963年

猛兽股规则

为了帮助理解这所有的，我在下面列举出了过去的10年，甚至

过去100多年中从最好的赢家股获得巨额收益的猛兽股规则。吉罗德·勒布在20世纪20年代从蒙哥马利·华德赚得了200多万美元，做的事情也是相同的。变化越多，这些规则越保持不变。

规则1：等待市场发出进入信号之后，再开始寻找下一只或者一批猛兽股。由于股市没有确定性，从历史上看，向投资者展示成功概率最大的是，在调整（即从最近的高点下跌10%）或熊市（即从最近的高点下跌20%或更多）之后，市场开始回升，并且新的上升趋势得到确认。最好的确认常常在上升的第四天到第十二天之间发生。为什么呢？更多的资金开始涌入股市需要时间；这些投资者首先必须相信，未来经济前景光明，企业盈利能力也因此前景光明。一些上升趋势还产生了上涨时间比较晚的猛兽股，比如在上升趋势之后3周。从历史上看，这些更为谨慎的上升趋势并没有产生同样数量的猛兽股，但是它们仍然产生了一些猛兽股。

规则2：一旦你从市场上得到了确认，就要开始寻找基本面强劲的股票，很多都是新名字、更年轻的公司，它们在市场下跌时期构筑了坚实的底部。筑底期越平坦，就越好。这意味着这些潜在的猛兽股在下跌期间保持得更好，而且最可能成为下一批猛兽股。在那么多年的股市周期中这个走势一次又一次地上演。这个阶段的一个关键点就是这只股票已经从财务表现上证明了自己。你希望看到前几个季度强劲的财务表现，即不断增长的销售额和利润。数字越高越好，数字增长越快越好。这是未来所有猛兽股的一个必备条件。

规则3：当之前下跌趋势中最具弹性、基本面最坚实的股票以强劲的成交量突破它们的筑底期，创造了52周新高，或者更好的是，创造了历史新高，这些就是下一批潜在的猛兽股。在突破期间买入，你的胜算最大。当你看到许多年轻的成长型公司涌现时，你可以相当肯定，这一上升趋势背后有一定的力量，并且有持续下去的潜力。如果这个回升失败了（这是有可能的），你的远大梦想似乎悄悄溜走了，你应该止损，卖掉那些失败的领导股。止损是股市上的第一号黄金规则，这样就可以确保你有足够的资本在下一次市场上升时继续猎取猛兽股。

规则4：如果市场上升趋势持续，并继续走高，新的市场领导股将与它一起创造新高。在这个阶段，你要有耐心，要看到最好的绩优股有正确的走势，并一直这样做，这一点很重要。正确的走势意味着它们以健康的价格和成交量继续走高。量价齐升，以及以温和的成交量回撤是正确的走势。那些猛兽股的表现就像你在本书中看到的所有例子一样。它们最初的大波动是强有力的。然后，它们将随着市场继续上涨。以较小的成交量回撤至50日移动平均线可能出现一次、两次，有时是三次或四次。股票可能跌破这条线，稍微回落至这条线下面一点，如果成交量水平正常或较低。而当它们以巨大成交量跌破这条线时，大资金正匆忙离开。

规则5：在该卖出的时候，就卖出。面对猛兽股时，在保持耐心和知道什么时候行动按下卖出按钮之间有一条细微的线。在一只超级股票上涨多个月后，要观察市场和该股的价格和成交量的走势。本书中的许多例子都表明，随着猛兽股的价格持续上涨，该股将开始放缓。在其他情况下，会在临近结束时"匆忙上涨"。那个我们在高通和嘉信理财的例子中看到的高峰走势，是另一个主要的卖出信号。总而言之，你要寻找高峰走势或者以巨大成交量跌破50日移动平均线。当这两者之一发生时，结尾就近了。那么就要卖出并得到你辛苦赚来的利润。另一件重要的事情是，当你准备卖出股票时，你要明白，你持有的这家公司仍然有良好的基本面。现在不是关注公司利润和预期利润的时候。市场总是向前看的，如果最好的、最聪明的大钱投资者都在卖出的时候，你也要卖出。在股票见顶的时候，他们提前看到了什么，这并不重要——那总是在以后会出现。下次当你在接近一只猛兽股的顶部时，回忆一下安然吧，我在本书的前言中提到了这个公司。当你终于鼓起勇气去做你该做的事时，你就可以祝贺自己买入了一只猛兽股，并正确地处理了它。然后你就可以退到场外，并重新开始等待和搜寻期。

上面列出的模板和规则来自市场本身的教导，以及股市多年来的运作方式。欧奈尔在他整个职业生涯中对市场的详尽研究已经证明了这一点。由于他已经在市场上如此高水平地成功了近半个世纪，他应该最清楚。所以你得到关于猛兽股的规则是来源于这些猛兽股本身。这不是一个学术理论——它来源于现实。学习一个事物的最好方法就是研究它过去的实际行为。

等待 VS 交易

我相信如果你能够遵从上面所列出的步骤，你就拥有了一个可用来抓住下一只猛兽股的简单流程；这可能从财务上改变你的生活。这可能也会让你从交易转向等待。等待意味着两件事情。这意味着要表现出耐心，只有在正确的市场条件下才进入市场。这会迫使你停止过度交易，而过度交易是市场上最昂贵的坏习惯。历史上最好的操盘手知道一个鲜为人知的事实，那就是一个人交易得越多，损失就越多。将你的交易限制在成功的最佳时机，会让你远离过度交易的错误，这些错误会让人损失惨重。它也意味着要聚焦那些精英股票。仅仅做这件事情就可以降低过度交易，因为你会自动不考虑那些基本面以及筑底方面都做得不够好的股票。

等待也意味着如果你真的选中了一只表现开始不错的股票，要有耐心等待，看它是否能够成为一只猛兽股。在市场中从获得收益到捕获有意义的赢家股是需要时间的。学习如何变得更加有耐心也需要时间。我相信这只会发生在那些在之前的操盘中亏损过的人身上。你需要先失去才能懂得如何赢。这在股市上尤为正确。我也确定许多成功的专业人士正在搜寻下一批猛兽股。许多其他的《投资者商业日报》忠实的读者以及学生也正在做相同的事情。《投资者商业日报》会成为你猎取新的潜在猛兽股的最好的资源，而不是《华尔街日报》。真正的专业人士还会订阅一个图表服务并继续练习其图表阅读能力，这样随着时间的推移，他们会对自己正在寻找的东西有一种"第六感"。训练你的眼睛来寻找健康的价格和成交量走势以及好的筑底形态会帮助你找到下一只能够在财务上使你生活变得更好的猛兽股。

结束语

单词首字母能够帮助人们记住于关于复杂问题的关键细节。在股市上，威廉·欧奈尔的CAN SLIM方法非常流行，而且帮助许多投资者在市场上成功了几十年。为了帮助你把注意力集中在可能出现的潜在猛兽股上，我提供了以下关于猛兽股诞生的简要描述，供你思考：

超常的收入（Revenue）增长会带来超常的盈利（Earnings）增

长，这也会带来适当时机（Timing），即超级股票（Superstock）从坚实底部突破的时机，这只股票通常有一些新（New）产品或创新的服务概念，导致表现突出（Outperforming）的价格走势，这发生在市场（Market）确认新的上升趋势时。

　　股市经常让大多数人感到困惑，因为它似乎对抗理性的过程。这使得欧奈尔将其描述为"相反的野兽"。那么，保持那个相反的思维，把上面那段话中括号中英文单词首字母反着读，你得到了什么？——MONSTER（猛兽股）！

附　录

过去的主要市场上升趋势以及猛兽股

正如辛太克斯和波音的例子所展示的，在整个市场历史中，猛兽股出现过，而且看起来相似。这个附录列出每个十年期中的一些猛兽股（一直到1995年）。有一些股票可以获得历史数据，我会提供与其价格表现相关的细节。我还将展示许多来自那些时代的市场图表，从中可以看到主要市场上升趋势的确认。那些主要上升趋势产生了大多数历史上表现最好的猛兽股。

这些信息主要是我的另一本书《传奇交易者如何赚得百万》中更详细分析的总结。将本附录作为历史工具箱的另一个来源，以便随着时间的推移和未来机会的产生，你可以从中学习，并和真实生活中的案例联系起来。

1900—1909年

主要上升趋势：1900年9月—1901年6月

（在9个月中上涨48%）

领导/猛兽股

联合铜矿：就在它登顶后，伯纳德·巴鲁克在1901年春季卖空了这只股票。

　　北太平洋：这是杰西·利弗莫尔的第一只赢家股。

　　联合太平洋

　　美国钢铁

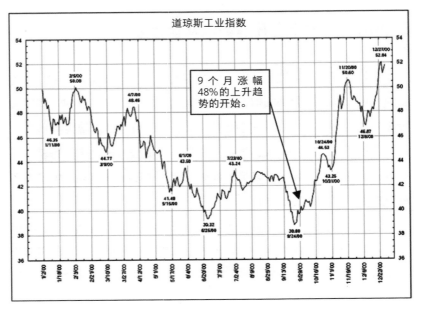

图A-1　道琼斯工业指数日线图，1900年

来源：www.thechartstore.com。经授权转载。

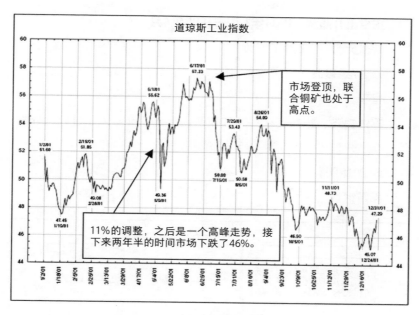

图A-2　道琼斯工业指数日线图，1901年

来源：www.thechartstore.com。经授权转载。

主要上升趋势：1904年1月—1905年4月

（在15个月中上涨了99%）

领导/猛兽股

里丁

苏线铁路： 巴鲁克在1904年年初以近60美元买入了这只领导股，然后在上升趋势中以110多美元的价格卖出。

联合太平洋

美国钢铁

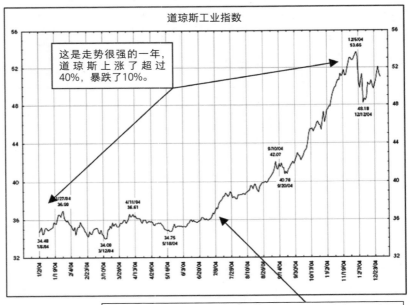

图A-3　道琼斯工业指数日线图，1904年

来源：www.thechartstore.com。经授权转载。

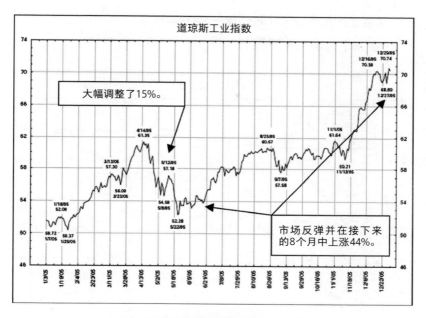

图A-4　道琼斯工业指数日线图，1905年

来源：www.thechartstore.com。经授权转载。

主要上升趋势：1907年11月—1909年11月

（在24个月中上涨了90%）

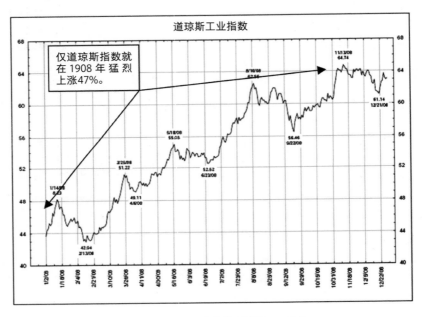

图A-5　道琼斯工业指数日线图，1908年

来源：www.thechartstore.com。经授权转载。

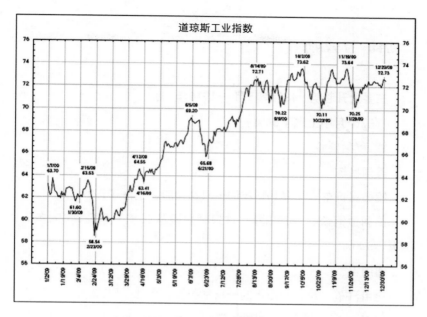

图A-6　道琼斯工业指数日线图，1909年

来源：www.thechartstore.com。经授权转载。

1910—1919年

主要上升趋势：1915年5月—1916年1月

（在7个月中上涨了64%）

领导/猛兽股

美国冶炼

鲍德温机车： 这是1915年的一只猛兽股，上涨了192%。

伯利恒钢铁： 在1915年，这只猛兽股从46美元飙升到459美元，涨幅达900%。

通用电气

通用汽车： 这是1915年的一只猛兽股，上涨了517%。

里丁

联合太平洋

美国钢铁

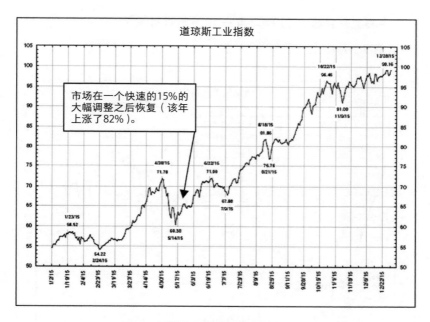

图A-7　道琼斯工业指数日线图，1915年

来源：www.thechartstore.com。经授权转载。

主要上升趋势：1919年2月—1919年11月

（在9个月中上涨了81%）

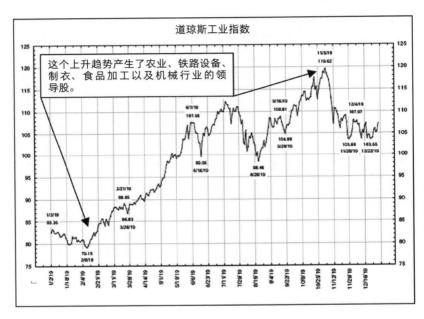

图A-8　道琼斯工业指数日线图，1919年

来源：www.thechartstore.com。经转载授权。

1920—1929年

主要上升趋势：1921年8月—1922年10月
（在14个月中上涨了62%）

领导/猛兽股

特拉华＆哈德逊

北方铁路

西北

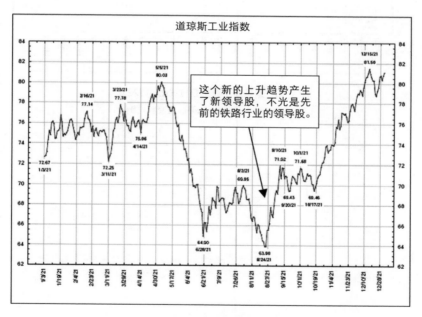

图A-9　道琼斯工业指数日线图，1921年

来源：www.thechartstore.com。经授权转载。

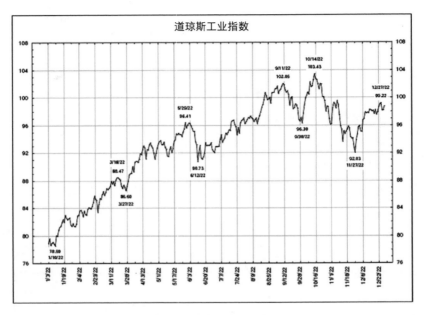

图A-10　道琼斯工业指数日线图，1922年

来源：www.thechartstore.com。经授权转载。

主要上升趋势：1924年6月—1926年2月

（在19个月中上涨了91%）

领导/猛兽股

美国制罐

美国冶炼

鲍德温机车

巴尔的摩&俄亥俄铁路

联合天然气公司：这是让巴鲁克在仅仅1925年就赚得100多万美元的一只大猛兽股。

北部矿石

国际镍业

斯洛斯-谢菲尔德钢铁

斯图贝克

美国钢铁：这是在这个时期的另一只猛兽股，巴鲁克以累进加仓的方式来增加收益。

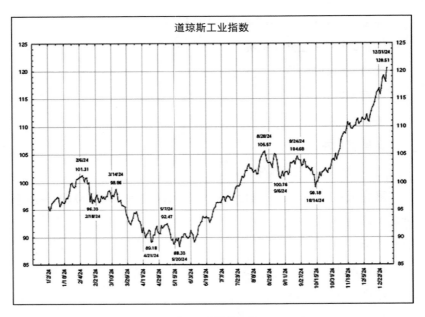

图A-11　道琼斯工业指数日线图，1924年

来源：www.thechartstore.com。经授权转载。

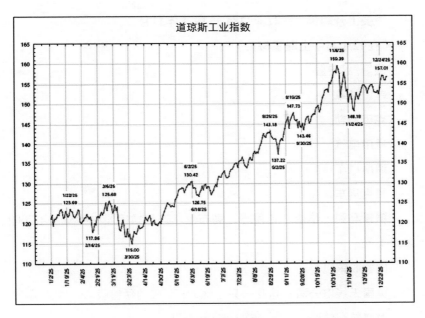

图A-12 道琼斯工业指数日线图，1925年

来源：www.thechartstore.com。经授权转载。

主要上升趋势：1927年11月—1928年11月

（在12个月中上涨了67%）

领导/猛兽股

美国烟草

克莱斯勒

通用电气

通用汽车

麦克货车

蒙哥马利·华德：吉罗德·勒布仅从这只猛兽股中就赚得了200多万美元。

国家收银机公司

美国无线电公司：这是一只上涨近1700%的猛兽股。

海岸航空铁路

加利福尼亚标准石油公司

联合碳化物公司

美国钢铁

西屋公司

莱特航空：在这个上升趋势中，它在19个月内从25美元飙升至245美元。

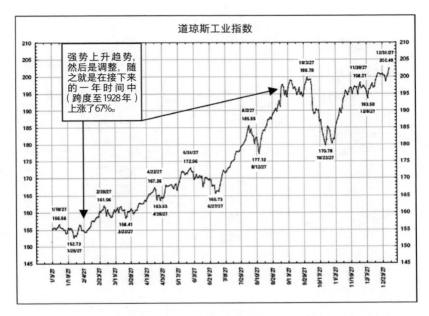

图A-13　道琼斯工业指数日线图，1927年

来源：www.thechartstore.com。经授权转载。

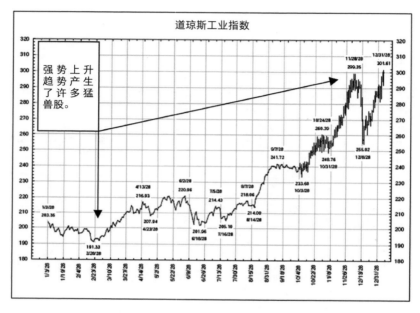

图A-14　道琼斯工业指数日线图，1928年

来源：www.thechartstore.com。经授权转载。

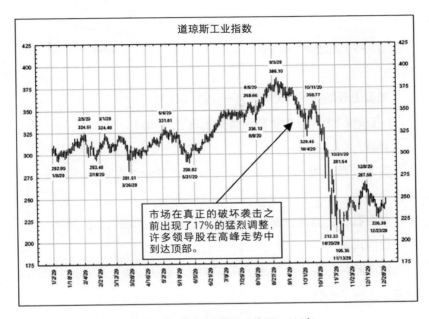

图A-15　道琼斯工业指数日线图，1929年

来源：www.thechartstore.com。经授权转载。

1930—1939年

主要上升趋势：1933年3月—1933年7月

（在仅仅3个半月中短暂而强势上涨了122%）

领导/猛兽股

克莱斯勒：勒布买入了这只重现的领导股并在短时间内赚得了坚实的收益。

联合石油：它在仅仅11个星期中就从6.5美元涨到15美元。

通用汽车

标准盖封：在这个快速上升趋势中，它从10美元飙升到45美元，或者说上涨了350%。

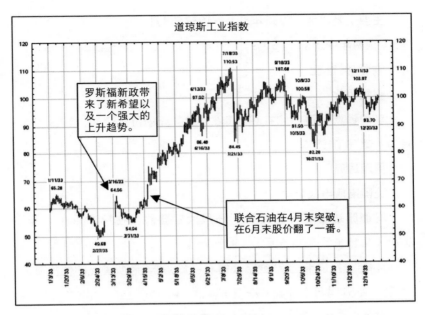

图A-16　道琼斯工业指数日线图，1933年

来源：www.thechartstore.com。经授权转载。

主要上升趋势：1935年3月—1937年3月

（在两年中上涨了130%）

领导/猛兽股

空气改化

美国钞票公司：它在1935年5月22美元的位置突破，到1936年4月为止飙升了155%。

美国运通

美国电话电报公司

安那康达铜矿开采公司：一只大猛兽股，在18个月中上涨了267%（从15美元到55美元）。

艾奇逊-托皮卡-圣菲铁路公司：在1935年6月42美元的位置突破，之后在1936年4月上涨到了86美元（在10个月中上涨了105%）。

宝路华手表：在13个月中，这只猛兽股从6美元处突破，涨到37美元（上涨了517%）。

克莱斯勒：从1935年7月到1935年12月上涨了86%。

通用汽车

古得里奇：它在1935年11月在10.5美元处突破，并在1936年2月涨到21美元（上涨了100%）。

灰狗公司：作为领导股之一，在1935年2月以巨大成交量完美地突破之后，它从24美元上涨到了1935年6月末的51美元（上涨了112%）。

泛美

美国橡胶

西部联合电报：在1935年7月35美元处突破，到1935年11月上涨至77美元。

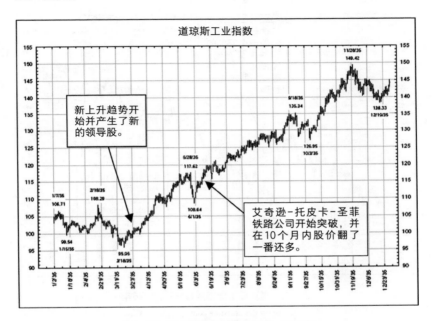

图A-17　道琼斯工业指数日线图，1935年

来源：www.thechartstore.com。经授权转载。

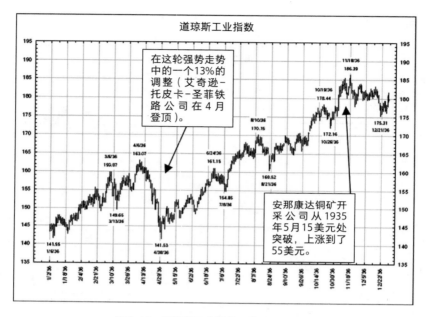

图A-18　道琼斯工业指数日线图，1936年

来源：www.thechartstore.com。经授权转载。

1940—1949年

主要上升趋势：1942年5月—1943年7月

（10个月中上涨了58%）

领导/猛兽股

美国橡胶：勒布通过这只早期领导股赚了一大笔钱。

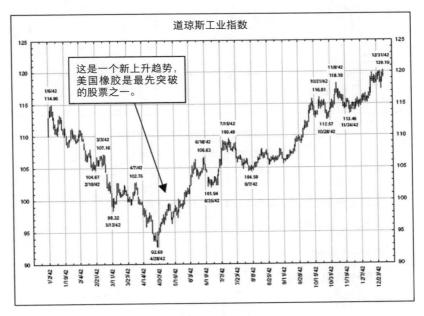

图A-19　道琼斯工业指数日线图，1942年

来源：www.thechartstore.com。经授权转载。

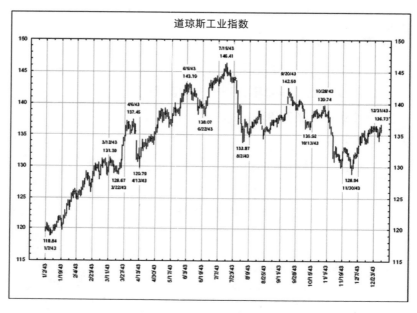

图A-20　道琼斯工业指数日线图，1943年

来源：www.thechartstore.com。经授权转载。

主要上升趋势：1944年12月—1946年2月

（14个月中上涨了40%）

领导/猛兽股

美国电话电报公司

伯利恒钢铁

通用汽车

IBM

美国钢铁

华纳兄弟

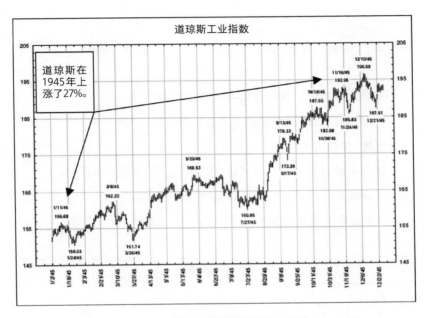

图A-21　道琼斯工业指数日线图，1945年

来源：www.thechartstore.com。经授权转载。

1950—1959年

主要上升趋势：1953年9月—1955年9月

（在为期较长的24个月的上升趋势中上涨了93%）

领导/猛兽股

克莱斯勒：勒布再一次从这只领导股的强势走势中获利。

宝丽莱：这只猛兽股成了德莱弗斯的领导股。

华纳兄弟：勒布在这只大猛兽股中发了大财。

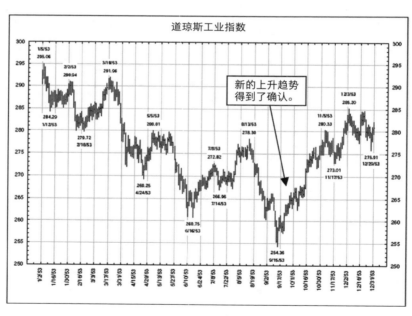

图A-22 道琼斯工业指数日线图，1953年

来源：www.thechartstore.com。经授权转载。

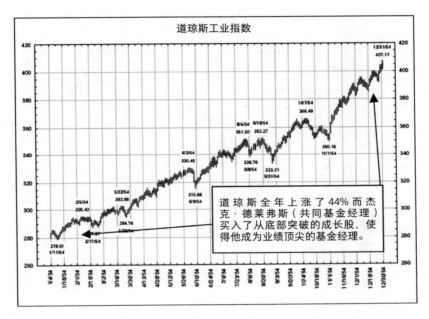

图A-23 道琼斯工业指数日线图, 1954年

来源：www.thechartstore.com。经授权转载。

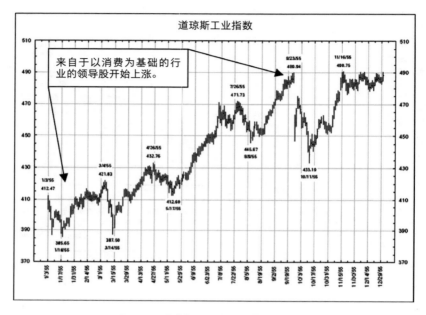

图A-24　道琼斯工业指数日线图，1955年

来源：www.thechartstore.com。经授权转载。

主要上升趋势：1958年4月—1959年8月

（ 在这个上升趋势中15个月上涨62% ）

领导/猛兽股

宾士域：这是一只大猛兽股，因为它的自动保龄球道，从1958年早期到1959年8月，股价上涨了270%，并且之后还一直保持增长到1961年3月（在整个过程中一共上涨了1500%多）。

E. L. 布鲁斯：它在1958年春季在20美元附近突破，并且飙升到50美元，之后就形成了一个高窄旗；尼古拉斯·达瓦斯最终在场外交易市场以171美元的价格卖出。

仙童照相机：这只稍晚的领导股于1958年年末突破，之后在1959年大部分时间里飙升近600%，它是达瓦斯的另一只大赢家股。

罗瑞拉德烟草：这只猛兽股仅在1958年价格就变为将近原来的3倍；它是尼古拉斯·达瓦斯的一只大赢家股。

宝丽莱：德莱弗斯继续在这只猛兽股上赚钱。

德州仪器：作为一只1958年早期的领导者，这只股票从30美元的价格突破，并且到1959年年底之前达到了190美元；它是达瓦斯的另一只赢家股。

锡奥科尔化工：在1958年8月这只猛兽股在近45美元的位置突破了一个平底，并在1959年中期之前飙升到160多美元（上涨了255%）。

环球控制：它在不足30美元的位置从杯柄形态突破，并且在不到一年的时间中变为原来的3倍多。

真力时：这只股票和锡奥科尔化工在几乎相同的时间即1958年秋季突破；到1959年晚春它的价格变为原来的3倍多，是一只大猛兽股。

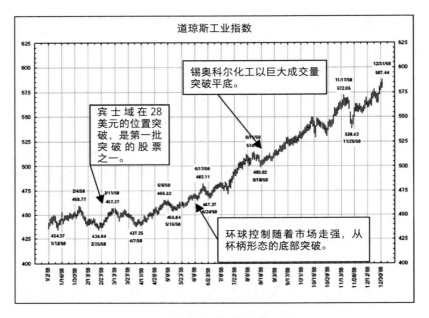

图A-25　道琼斯工业指数日线图，1958年

来源：www.thechartstore.com。经授权转载。

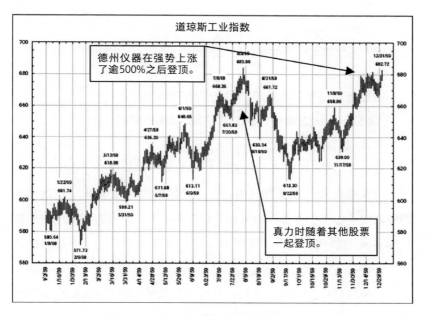

图A-26　道琼斯工业指数日线图，1959年

来源：www.thechartstore.com。经授权转载。

1960—1969年

主要上升趋势：1962年10月—1965年5月

（这是一个长达30个月的上升趋势，涨幅达72%）

领导/猛兽股

波音：在1964年1月开始的24个月中从20美元飙升了350%。

克莱斯勒：在上升趋势确认的一开始就成为领导股。3位最伟大的股票交易员（巴鲁克、勒布以及欧奈尔）都在其从杯柄形态突破时以59美元的价格买入，这只股票在接下来的24个月的上升趋势中飙升了350%。

字母组合行业：这是一只在这段上升趋势中飙升了1000%多的猛兽股。

宝丽莱

西芒德斯精度

辛太克斯：一只大猛兽股（见图A–28），这是欧奈尔的一只大赢家股。

施乐公司

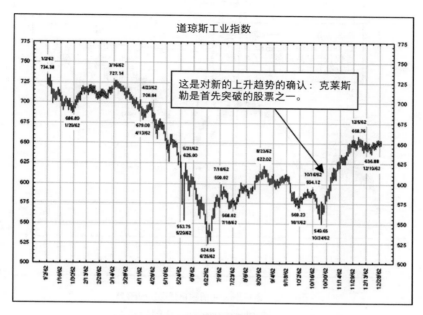

图A-27 道琼斯工业指数日线图，1962年

来源：www.thechartstore.com。经授权转载。

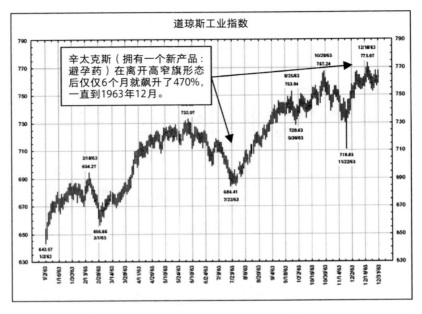

图A-28　道琼斯工业指数日线图，1963年

来源：www.thechartstore.com。经授权转载。

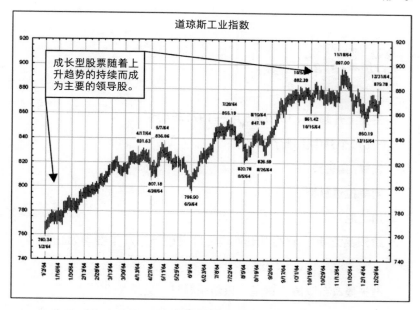

图A-29　道琼斯工业指数日线图，1964年

1970—1979年

主要上升趋势：1970年5月—1971年4月

（在11个月中上涨了53%）

领导/猛兽股

阿美拉达赫斯

迪士尼

纺织品之家：它在从1970年8月突破到1971年春季为止翻了一番多。

考夫曼&布罗德：这是一只新领导股，见图A-30。

李维兹家具：一只猛兽股，它基本避开了1971年中期的调整，它从20美元飙升到了1972年春季的高点160美元（上涨了700%）。

马斯科：这是一只新领导股，见图A-30。

麦当劳

MGIC：这是一只新领导股，见图A-30。

斯科特住宅建筑公司：这是一只新领导股，见图A-30。

索尼

温内巴戈

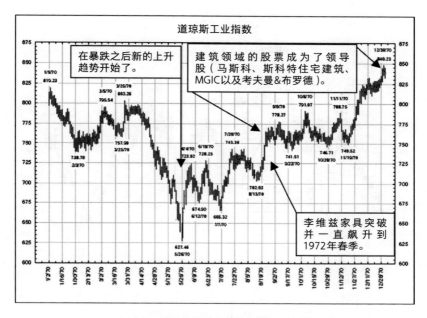

图A-30　道琼斯工业指数日线图，1970年

来源：www.thechartstore.com。经授权转载。

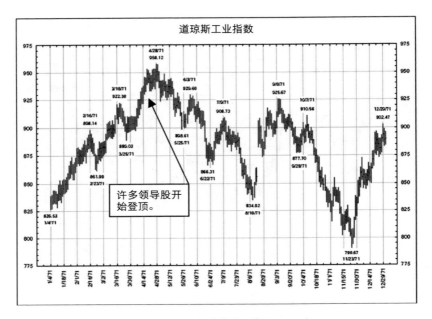

图A-31　道琼斯工业指数日线图，1971年

来源：www.thechartstore.com。经授权转载。

主要上升趋势：1974年12月—1976年9月

（在这个20个月上涨80%的趋势中有很多震荡）

领导/猛兽股

最佳产品：这是另一只新领导股，涨幅巨大。

碳工业：这只股票在本次上升趋势中自突破以来上涨283%。

埃尔金全国：这只股票在本次上升趋势中上涨371%。

海岸猎鹰：这只处于领导地位的煤炭生产商在3年中涨幅997%，尽管未来市场形势严峻。

通用汽车：再次出现的领导股，这只股票在1975年从29美元涨到59美元，将近翻了一番。

诺斯罗普：另一只新的早期的猛兽股，在这个上升趋势中翻了一番多。

商品服务：它在1975年秋季突破，从突破至1978年登顶飙升了586%。

坦迪公司：一个在1974年后期突破的新领导股，并在不到两年的时间中达到三位数的涨幅。

联合技术公司：这是在坦迪公司和诺斯罗普之后的另一只新领导股。

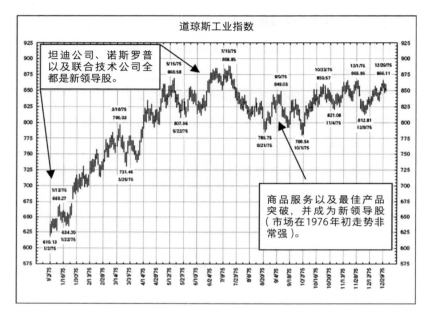

图A-32　道琼斯工业指数日线图，1975年

来源：www.thechartstore.com。经授权转载。

1980—1989年

主要上升趋势：1980年3月—1981年5月

（在14个月中上涨了80%）

领导/猛兽股

计算机视觉： 这是在计算机相关领域的一只猛兽股。

赫尔默里奇&佩恩： 它在1980年强劲上涨之后于1981年年初登顶。

MCI通信公司： 这是在1981年早期的一个上升趋势中突破的新猛兽股。

斯伦贝谢： 强大的领导股，在1980年强劲走势之后于1981年初登顶。

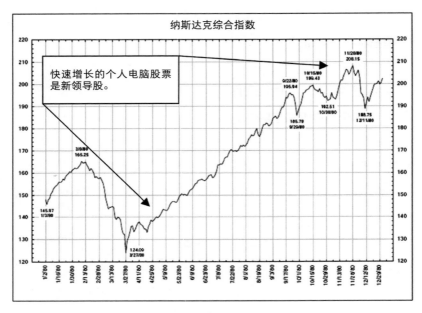

图A-33　纳斯达克综合指数日线图，1980年

来源：www.thechartstore.com。经授权转载。

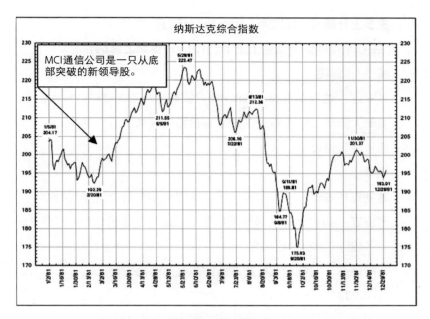

图A-34 纳斯达克综合指数日线图, 1981年

来源：www.thechartstore.com。经授权转载。

主要上升趋势：1982年8月—1983年7月

（在11个月中纳斯达克上涨了101%，道琼斯上涨64%）

领导/猛兽股

多来店： 这只猛兽股在1981年8月突破（见图A–35）。

女装大卖场： 一个强大的产生猛兽股的领域。

弗里特伍德公司

福特

富兰克林资源： 在1983年上市，在仅仅15个月中飙升750%。

家得宝： 历史上最大的猛兽股之一，这只股票价格在1983年9月上涨到了1981年IPO时的20倍。

有限品牌： 它随着女性服装股的飙涨而涨幅较大。

丽诗卡邦

Pic'N'Save： 这是欧奈尔有史以来的最大的赢家股之一。

定价公司： 这只早期的领导股在突破之后的前11个月中上涨110%。它是欧奈尔的大赢家股之一（它在接下来的3年中上涨了逾15倍）。

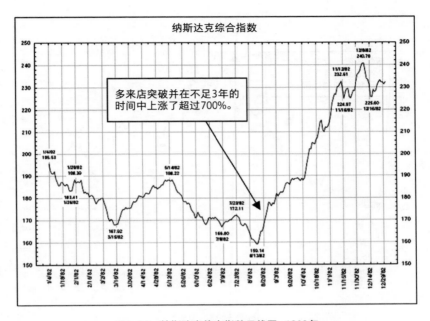

图A-35　纳斯达克综合指数日线图，1982年

来源：www.thechartstore.com。经授权转载。

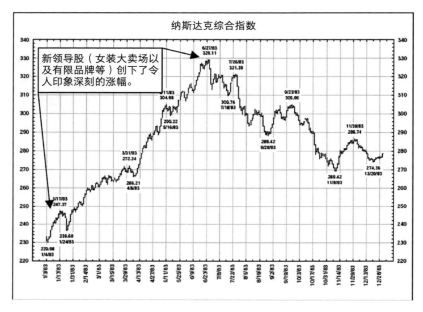

图A-36　纳斯达克综合指数日线图，1983年

来源：www.thechartstore.com。经授权转载。

主要上升趋势：1985年1月—1986年7月

（在18个月中上涨了64%）

领导/猛兽股

奥多比公司：它在1986年的上升趋势中在仅仅6个月中就上涨了462%。

电路城公司：一只巨大的赢家股，在1986年的上升趋势中上涨。

开市客：一只重要的领导股，在突破之后的几年中上涨了700%。

富兰克林资源：它在1985年10月突破（在15个月中上涨了263%）并开始了巨幅上涨；它是欧奈尔的另一只赢家股。

基因泰克：这只股票在从1985年突破之后的仅仅5个月中就上涨了300%。

国王世界产品：这只股票在1985年夏季从杯柄形态突破之后的两年中上涨了700%多。

有限品牌：它从20世纪80年代初期的上升趋势继续飙升。

网威：它自1985年IPO之后，在仅5个月内就上涨了100%多。

锐步国际：从杯柄形态突破后仅4个月就上涨了262%。

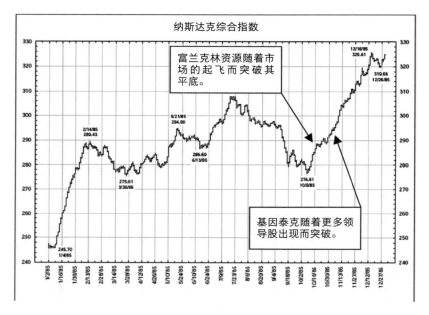

图A-37　纳斯达克综合指数日线图，1985年

来源：www.thechartstore.com。经授权转载。

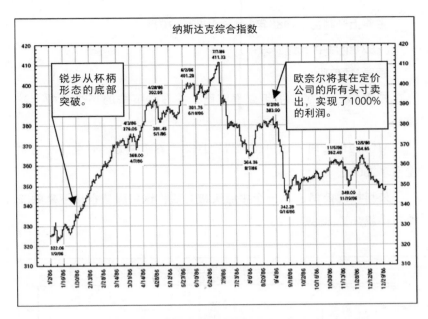

图A-38　纳斯达克综合指数日线图，1986年

来源：www.thechartstore.com。经授权转载。

主要上升趋势：1988年1月—1989年10月

（在21个月中上涨了69%）

领导/猛兽股

拉盖尔： 它在1988年夏季突破，并在接下来的16个月中上涨551%。

MCI通信公司： 这只领导股在1988年春季突破，并在17个月中上涨了266%。

外科护理公司： 从一个平底突破之后，这只股票在接下来的33个月中飙升了1833%。

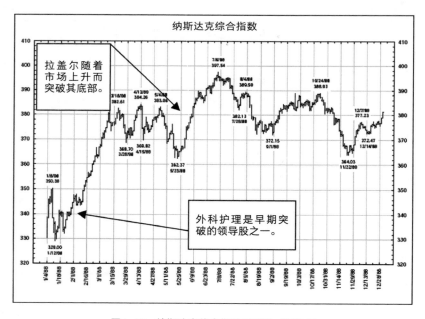

图A-39　纳斯达克综合指数日线图，1988年

来源：www.thechartstore.com。经授权转载。

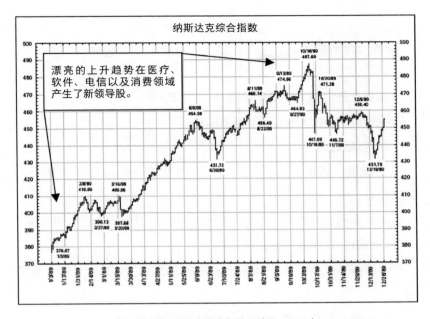

图A-40 纳斯达克综合指数日线图，1989年

来源：www.thechartstore.com。经授权转载。

1990—1996年

主要上升趋势：1990年10月—1992年2月

（在14个月中纳斯达克上涨了101%）

领导/猛兽股

美国电力转换：它从底部突破，并在接下来的几年中飙升了2100%。

思科系统：作为这个上升趋势的最初几个新领导股之一而突破，它成了历史上表现最好的猛兽股之一。

开市客：在1991年1月从杯柄形态底部突破，在12个月中上涨了140%。

国际游戏科技公司：它从一个健康的底部突破，并在接下来的几年中飙升了1600%。

微软：从杯柄形态底部突破之后，在1991年翻了一番多。

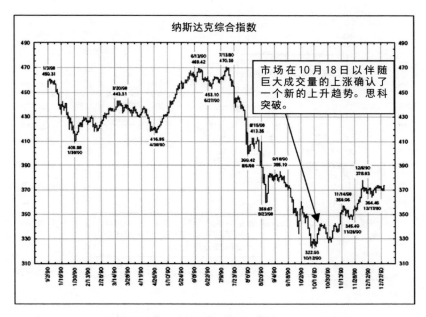

图A-41　纳斯达克综合指数日线图，1990年

来源：www.thechartstore.com。经授权转载。

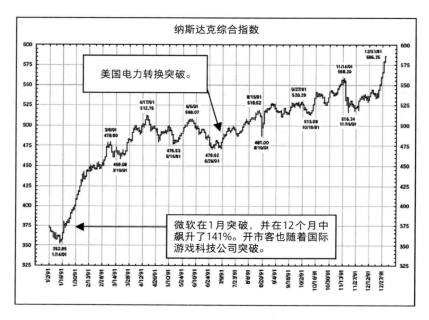

图A-42　纳斯达克综合指数日线图，1991年

来源：www.thechartstore.com。经授权转载。

主要上升趋势：1992年11月—1993年10月

（在11个月中纳斯达克上涨了43%）

领导/猛兽股

卡拉威高尔夫：在1992年11月从健康的底部突破，并在12个月中飙升了341%。

Intervoice公司：它在1992年6月突破，并到1993年10月市场登顶时上涨了340%。

漫威娱乐：在1992年12月突破，在接下来的23个月中上涨548%。

微软：这只再现的领导股在1993年年初再次突破，开启了更大幅度的上涨。

新桥网络公司：这只股票在1992年9月从平底突破后，在11个月中上涨了699%。

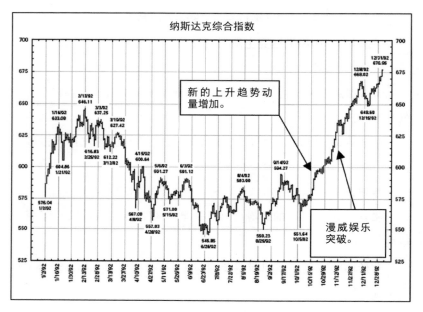

图A-43 纳斯达克综合指数日线图，1992年

来源：www.thechartstore.com。经授权转载。

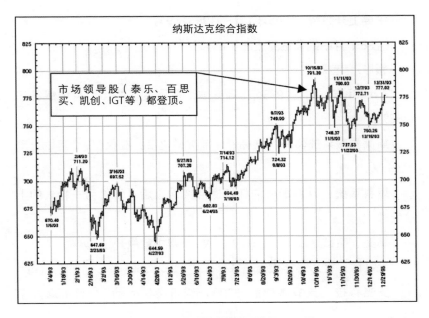

图A-44　纳斯达克综合指数日线图，1993年

来源：www.thechartstore.com。经授权转载。

主要上升趋势：1995年1月—1995年9月

（在8个月中纳斯达克上涨了45%）

领导/猛兽股

AccuStaff：它在1995年2月突破，在接下来的16个月中飙升了1486%。

斯高柏微系统公司：从杯形底部突破之后，在仅仅9个月中上涨了494%。

思科系统：从新形成的杯柄底部突破之后，朝着另一轮大的上涨前进。

基美：突破之后，在1995年仅仅9个月中就飙升了198%。

大媒体：在1995年上涨了500%。

美光科技：这只猛兽股在1995年2月突破后的7个月中飙升了283%。

美国机器人技术公司：在1995年1月突破之后的10个月中上涨了347%。

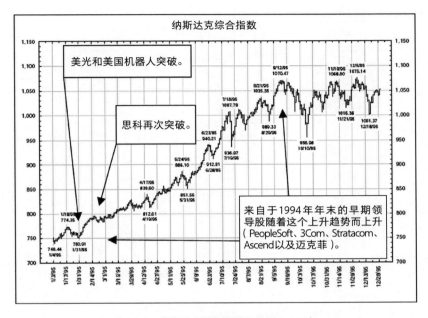

图A-45　纳斯达克综合指数日线图，1995年

来源：www.thechartstore.com。经授权转载。